人生の「質」を上げる

孤独をたのしむ力

THE POWER OF LONELINESS

BY TOKIO GODO

午堂登紀雄

日本実業出版社

うに、自分とは合わない人とでも無理につきあう、合わないグループに自分を抑えてでも所属する、という行動を生み出します。

しかしそれでは、**本当の自分を出しているわけではなく、我慢して周囲に合わせて生きているので、いずれ精神的につらくなります。そうやって人間関係に疲弊し、行き詰っている人は少なくありません。**

◉孤独力とは「能力」であり高められる「スキル」である

そんな**時代環境だからこそ獲得したいのが「孤独力」**です。

本書でいう孤独力とは、他人との接触を避け、物理的な孤独の状態そのものを愛するような、自閉的な意味ではありません。

孤独力とは、**社会の中で人と関わりあいながらも、つねに自分の意志を主軸に置いて、自己責任で生きようとする姿勢のこと**です。

この姿勢があれば、誰かと一緒でもたのしめるし、ひとりでもたのしめます。物理的に孤独になったとしても寂しさを感じることはありません。

そうした感覚を強く持つためには、**自分との対話、つまり内省という習慣を手に入**

れることです。

内省とは、自分の価値観を受け入れ、それをベースに経験を振り返って分析し、思考体系と行動体系を軌道修正し、自らを成長させていく、高度に知的な作業です。

精神医学・心理学者のアンソニー・ストーがかつて、「ひとりでいられる能力は、自己発見と自己実現に結びついていき、自分の最も深いところにある要求や感情、衝動の自覚と結びついていく」と述べたとおり、孤独の中で自分の本心を的確にとらえ、それを生き方に反映させていくことでもあります。

そうやって自分で自分の心を錬磨していく。たとえばＡＩがディープラーニングによって自己進化していくように、**孤独による内省とは、自分で自分の精神を進化させる「セルフ・ディープラーニング」**とも言えます。

◉孤独力とは孤高としての強さを持つこと

詳細は本文で紹介しますが、孤独の中で自分と向き合うことで、自分の感情を意のままに操れるようになれます。

自分で自分を理解し、認めてあげることができれば、「わかってくれない」「評価してくれない」という不満が出ることはありません。

自分が全力を尽くして事に当たったなら、満足できる結果だろうとそうでなかろうと、自分の努力を認めることができます。

自分の内部で、不安や悩みも自己消化できるし、出来事へのとらえ方を変え、幸せを感じられます。そんな精神の強さを獲得するには、必ず孤独の時間が必要なのです。

いざとなったら、ひとりでも平気であると自信を持て、嫌われて孤独になっても気にせず、「自分にとって本当に大切なのは、自分の人生を生きること」と思える強さは、大人としての成熟度と言えるでしょう。

つまり本書でいう孤独とは、**人との接点を自ら避けるとか、誰からも無視されて孤立することではなく、ひとり自分の信じる道を歩く「孤高」**のほうが近い概念です。

みんなでいてもたのしいけれど、ひとりでもたのしい。どちらの状態でもたのしむことができる。ひとりになることが怖くなければ、無理して周囲に合わせて人間関係を維持する必要もなく、自分らしく生きられるのです。

本書では、寂しさという意味でのネガティブな孤独ではなく、人間が精神的に成熟するための必須体験としてのポジティブな孤独を紹介します。そして、いかに孤独を使いこなし、心の成長を獲得していくか、その方法論も紹介しました。

もし孤独で寂しい、つらい、苦しいと感じている人が、孤独はむしろとてもすばらしいことであると感じていただけたら、著者として大変うれしく思います。

著者　午堂登紀雄

２０１７年10月

孤独をたのしむ力　もくじ

孤独をたのしむ力――はじめに

第1章 内省

01 「孤独を恐れる」のをやめる……014
やめられない人　個性が磨かれない。
やめられた人　個性が磨かれ、魅力が増す。

02 「いつも誰かと一緒にいる」のをやめる……020
やめられない人　内省の時間がとれない。
やめられた人　内省し、人生の主導権が手に入る。

03 「つらい感情から逃げる」のをやめる……026
やめられない人　自分の心をごまかし、人としての深みが出ない。
やめられた人　つらさを乗り越えて、人としての魅力が増す。

04 「予定を詰め込む」のをやめる……032
やめられない人　心のバランスが崩れ、ストレスをためこむ。
やめられた人　心のバランスがとれ、充足感が得られる。

05 「他人のせい」をやめる……040
やめられない人　いつまでも人任せで、不平不満を抱える。
やめられた人　自由に行動でき、やるべきことに集中できる。

第2章 人間関係

06 「見栄を張る」のをやめる……046
やめられない人　理想と現実のギャップに苦しむ。
やめられた人　理想と現実のギャップを埋められる。

07 「友達の数を気にする」のをやめる……054
やめられない人　神経をすり減らして、自分を追い詰めてしまう。
やめられた人　本当に必要な仲間ができる。

08 「無理してつきあう」のをやめる……064
やめられない人　大切な時間とお金を浪費してしまう。
やめられた人　目的から「健全な打算」をして行動できる。

09 「自分の弱み」を隠すのをやめる……070
やめられない人　周囲に人柄も伝わらず、疲弊してしまう。
やめられた人　弱さを認めてくれる人と出会える。

10 「本音」を隠すのをやめる……078
やめられない人　人の輪の中にいても寂しさを感じる。
やめられた人　自分も相手も認めることができる。

11 「嫌われることを恐れる」のをやめる……086
やめられない人　手持ちの人物像パターンが少なく、人間関係に苦労する。
やめられた人　人をすばやく理解し、接し方を適応させられる。

12 「他人のペースに合わせる」のをやめる……092
やめられない人　他人に迎合し、振り回されてしまう。

やめられた人　他人に振り回されずに、「マイペース」で行動できる。

13 「無理して職場にとどまる」のをやめる……098
やめられない人　本来の自分を出せず、居心地が悪い。
やめられた人　対人関係を把握し、適切な職場を見つけられる。

第3章 価値観

14 「周囲の意見に配慮する」のをやめる……106
やめられない人　自己実現ができない。
やめられた人　自分の本心に従って生きていける。

15 「常識を大切にする」のをやめる……114
やめられない人　他人の価値観で振り回され続ける。
やめられた人　自分の考えに自信を持てるようになる。

16 「世間的な基準を気にする」のをやめる……122
やめられない人　「がんばっているのに」と不満が出る。
やめられた人　「自分の理想どおり」に生きられる。

17 「他人からの評価を気にする」のをやめる……128
やめられない人　他人の評価でしか、自分の価値を確認できない。
やめられた人　出す価値を高めて存在感を示す。

第4章 行動

18 「夢・目標がない」をやめる …… 134
やめられない人　不完全燃焼で、孤独を感じる。
やめられた人　目標の実現に向けて集中し、孤独を感じない。

19 「考えすぎて動けない」をやめる …… 142
やめられない人　同じところでぐるぐる悩む。
やめられた人　自分の頭で考えて、適切な解決策を導き出せる。

20 「みんなでブレスト」をやめる …… 152
やめられない人　その他大勢から抜け出せない。
やめられた人　イノベーティブな人材になれる。

21 「相談して決断」をやめる …… 160
やめられない人　他人のせいにして、途中で迷いが生じる。
やめられた人　自分の決断に自信を持ち、没頭する。

22 「問題から逃げる」のをやめる …… 170
やめられない人　悪循環から抜け出せなくなる。
やめられた人　適切な問いを見つけ、解決する強さが身につく。

23 「ネガティブな発想」をやめる …… 178
やめられない人　「悲しい」「つらい」という感情がぐるぐる回る。
やめられた人　自分で意味を見出し、どんな困難でも乗り越えられる。

第5章 読書

24 「漠然とした不安」を抱えるのをやめる……186
やめられない人　知らないことだらけで、不安になる。
やめられた人　読書で知識を得て、幸せにつなげる。

25 「情報に振り回される」のをやめる……192
やめられない人　どうでもいい情報に振り回される。
やめられた人　大切な情報を自分の幸せにつなげられる。

26 「ヤバイ」「かわいい」をやめる……198
やめられない人　不安や悩みを言葉にできず、問題を解決できない。
やめられた人　言葉の選択肢が増えて、人生の選択肢も増える。

27 「自分の思考にこだわる」のをやめる……208
やめられない人　過去の経験をなつかしがるだけ。
やめられた人　過去の経験に意味づけができ、未来に向かえる。

28 「変化を恐れる」のをやめる……212
やめられない人　取り返しがつかなくなって後悔する。
やめられた人　後悔しない生き方ができる。

29 「自分と同じ価値観の本を読む」のをやめる……218
やめられない人　外野から何か言われてブレてしまう。
やめられた人　自分の判断を支える根拠がより強くなる。

第6章 家族

30「相手に幸せにしてもらう」をやめる……228
やめられない人 良い人にめぐり逢えず、良い関係も築けない。
やめられた人 相手と良い関係を築ける。

31「結婚を損得でとらえる」のをやめる……238
やめられない人 まともな異性に出会えない。
やめられた人 与える姿勢で幸せを手にする。

32「お友達できた？」と聞くのをやめる……242
やめられない人 子どもの自我の成長を阻害する。
やめられた人 子どもの個性を尊重して育てられる。

おわりに 運命とは、自分の内なる心の声に従い、自分自身でつくっていくもの——

カバーデザイン　中村勝紀（TOKYO LAND）
本文DTP　一企画

第1章

内省

01

「孤独を恐れる」のをやめる

やめられない人

個性が磨かれない。

やめられた人

個性が磨かれ、魅力が増す。

◉「ありのままの自分」を知る

孤独を恐れる人は、自分をよりよく知ることができません。いつも誰かと一緒にいたりいつも誰かとつながっていたりするために、ひとり内省する時間が十分にとれないからです。

たとえば就職に際して自分の適性がわからない、自分は何がやりたいのかわからないという人も、本当の自分が見えていないのです。**自分と対話することに慣れていないから、「自己分析」などといきなり素の自分に直面しても、とまどってしまう。**

「将来に希望が持てない」というのも同じで、自分の得意不得意を認識していないから、何をしていいかわからない。だから不安感や絶望感に襲われるのです。

しかしひとりで内省するからこそ、自分の長所も短所もふくめて、「ありのままの自分」を知ることができます。

そして**自分を知れば知るほど、それを活かす道も見えてきます**。それは、職業の選択、人間関係、お金の使い方を含めたライフスタイルの全方位にプラスの影響を及ぼすものであり、より幸福に近づく方法のひとつです。

本来の自分を活かせば、より個が輝き、それが自信になり、ますますありのままの自分でいいんだという確信が持てるようになります。

「才能とは、自分自身を、自分の力を信じることだ」と言ったのは、ロシアの作家マクシム・ゴーリキーですが、自分の力を信じられれば、その能力を大事にして伸ばしていこうと考えます。自分の個性や才能を磨くことが生きがいになれば、孤独感とは無縁になります。

同時に、そんな確信があれば、**仮に他人からネガティブな評価や反応を受けたとしても、本当の自分に照らして受け止める、あるいは聞き流すという選択が、自らの意志でできます。**

自分と対面して、「たしかにそうかも」と思えたとしても、「でも、このままでいいんだ」「そうか、次からはこうしよう」という自分で納得できる判断につながります。

そのためには、自分を否定したり嫌ったりするのではなく、自分の本心を受け止め、それを肯定することです。

自分は弱い人間だ、と思っても、それはそれでいい。弱い自分のまま進んでもいいんだ。それでもここまで進むことができたんだから。何かすごいことを成し遂げてはいなくても、自分は生きている……。

内省

◉**自分をさらけ出す勇気**

そして、弱い自分をオープンにしていくことです。自分を飾ったり無理に大きく見せようとしたりするのではなく、「自分は弱い人間かもしれないけど、それが自分なんです」と、いまの自分をさらけ出す。

そうやって**自分を肯定し、それを外に出し続ければ、弱い自分であっても納得感が出てきます**。自分をさらけ出せば出すほどその状態に慣れ、見栄を張ったり過剰に他人の目を気にしたりすることもなくなります。それは、いい人であろうとしないといけない、自分を抑えて周囲と合わせないといけない、という強迫観念からの脱却を意味します。

逆にそうしなければ、自分の欠点ばかりにフォーカスし、過去を悔んだりすることになりかねません。

大切なのはこれからの未来。いまから自分は何をやるか、何を変えるかを考えるには、いまの自分の現実からスタートするしかありませんから、自分を否定しては前に進めない。

ただし、ありのままの自分を受け入れ肯定することは、自分がこれ以上成長しなくていいとか、不満な現状に甘んじるという意味ではないし、意地になって我を通すことでもありません。

「現時点までの自分はこれでよい。否定もしない」ということです。

◉孤独をたのしむとは、自分を貫くことであり、自分らしく生きること

本来、自分に代わる誰かはいませんから、自分は世界でたったひとりの唯一無二の存在のはずです。

しかし、孤独をたのしめない人、孤独を恐怖に感じる人は、他人から嫌われないように、仲間はずれにされないように、自分の本音を抑え、周囲に迎合しようとします。それを子どものころから続けていると自主性が育たず、個性も磨かれません。**孤独を避けようという努力は、自分をごまかすことでもあり、「自分はこういう個性を持ったこういう人間である」と信じるアイデンティティ（自我）が確立しにくい**のです。

孤独が寂しい人は不安を感じやすく情緒も不安定になりがちです。それは自我の貧困さからくる感情であり、精神が成熟していないからです。

しかし**自我が確立していれば、情緒も安定し、孤独は寂しさを感じるものではなく、むしろ豊かな時間に感じられる**ものです。

また、人が孤独感を覚えるのは、本当の自分を理解してくれる人がいないと感じたときです。自分の考えが受け入れられない、周囲から疎外されているような、自分が無視されているような感じでしょうか。

周囲とうまくやっていくことを優先し、自分を貫かずに周囲に合わせていれば、周りとぶつかったり、人間関係にさざ波が立ったりする場面は少ないでしょう。

しかしそれは本心で生きているわけではないので、結局、自分が周りに受け入れられているという実感につながらない。

つまり**孤独を避けるために自分を抑えて周りに合わせようとすればするほど、誰かと一緒にいても「孤独感」に襲われやすい**のです。

一方、自分の本音を出し、意志を貫き、自分の能力を発揮しようとすれば、時に周囲と摩擦が起こることもあるし、それで離れていく人もいるでしょう。

自分を嫌う人がいるとわかっていても、自分がやりたいことを貫くのは、自分の人生を大切にしているということ。それでも自分の個性を表現していれば、むしろ魅力を感じる人も増えていくものです。

02
「いつも誰かと一緒にいる」のをやめる

やめられない人
内省の時間がとれない。

やめられた人
内省し、人生の主導権が手に入る。

内省

◉内省力を鍛える

ひとりで自分と対話する「内省」の時間が必要です。

内省とは、いったいどういうものでしょうか。

同じ会社に勤めていても、「仕事がたのしい」と感じる人もいれば、「つまらない」と辞めていく人もいます。同じ日本に生きていても、「幸せだ」と感じる人もいれば、「不幸だ」と感じる人もいます。

あらゆることに当てはまるのですが、**客観的な「たのしい」「つまらない」「幸せ」「不幸」という状態があるわけではなく、その状態を「自分がどう受け止めるか」によって変わります。**

それを前向きな受け止め方に変えるには、自分から離れたところから、自分の心の動きをあるがままに見つめることができる、もうひとりの自分を育くむことです。

それができるのが内省です。内省を繰り返していると、**自分の深層からの声がより早く返ってくる**ようになります。

そして自分の深層の声を上手に聞くことができるようになると、迷っていることにも直観的に自分の意にそった判断ができるようになります。

また、**過去の出来事や経験を振り返って観察し、それを履歴として整理しておくことによって、自分の身の周りで起こることはある程度予測できるようになります。**いわゆる「想定の範囲内」にすることができるのです。

そういう積み重ねがあれば、自分がやろうとしていることに対してどのような事態が発生するか、どのように対処するかをあらかじめ想像できるので、心の安定や余裕にもつながります。

さまざまな刺激や変化、日々の忙しさの中でも、つねに自分の立ち位置を把握し、どう振る舞うべきかがわかるので、自分の人生を生きている実感、幸福を実感できるようになる。

さらに自分の使命、果たすべき役割、貫くべき仕事やその方向性が見えるようになると、**セルフプロデュース感というか、自分の人生を自分で導き演出している「握っている感」が得られる**ようになります。

◉出来事の受け止め方を軌道修正する

内省作業の第一歩として、**「出来事→感情→思考→行動→結果」というサイクルを意識**してみましょう。

仮に何かの「出来事」にイラっという「感情」を抱いても、いきなり「行動」に移すのではなく、その感情をいったん受け止めて「思考」というクッションをはさむのです。そして、どのような「行動」がどのような「結果」を招くのかを想像し、自分はどうすることがベストなのか考える。そのうえで行動する。いわゆる理性を働かせるということです。

こうした内省作業が習慣になると、怒りや不安といったネガティブな感情に襲われたとしても、それに対して自分の人生を破滅させるような行動をとることはありません。

感情に支配されて自分を失うことはなく、瞬時にもうひとりの自分が発動し、後悔の少ない、より合理的な行動をとることができます。そうした姿勢は、より満足度の高い生き方につながります。

他人と一緒にいれば、自分と向き合う時間がその分少なくなってしまいますが、孤独であればこそ自分と向き合える。

孤独に強い人間が落ち着いて行動しているように見えるのは、人には見えないこうした内的作業を無意識下でつねに繰り返しているからです。

そしてそのためには「ひとり内省する時間」をつくることが必要です。

◉「思考のクセ」を矯正する

自分の力で環境に適応しているという実感を得てこそ、感情とその後の行動を制御できるわけですが、それがなければいつも不安にとらわれてしまいます。

孤独を恐れる人、人間関係がしんどい人、生きづらさや閉塞感を感じている人は、**普通の人が問題にしないことを「問題だ」と感じたり、普通の人が「1」つらいと思うことを「10」つらいと思ったりします**。

ちょっとしたトラブルを過剰にふくらませ、「困った！」「大変だ！」「どうしよう！」と大騒ぎしてしまう。

「困った」と言っても、本当に困ることなんて、実はめったにありません。「大変だ」

というのも、実は些細な事であることがほとんど。

小さなことを拡大解釈してしまわないよう、つねに自分の経験を振り返り、原因と結果を検証しようとする姿勢が必要です。

さらに、「こうするべきだ」「こうするべきではない」という規範を数多く持っていると、あるいはその思いが強いと、ちょっとした他人の言動にいちいちイライラしたり、自分が身動きできない窮屈さを感じたりします。

こういう人は概して、自己肯定感は低く、逆にプライドが高いゆえに、いろんなことが苦しくなってしまうのです。

そういう状態から抜け出すには、自分がこだわっていることを知り、それが自分の幸福に寄与するほど重要なものかどうか、ひとつひとつ確認してみることです。

自分がとらわれているもの、こだわっているもの、信じていることに、合理的な根拠があるかどうかを知ることで、脱却や受け入れ、納得感が得られるようになります。

03

「つらい感情から逃げる」のをやめる

やめられない人

自分の心をごまかし、人としての深みが出ない。

やめられた人

つらさを乗り越えて、人としての魅力が増す。

内省

◉感情をそのまま受け止める勇気

内省のひとつの方法に、「内観」があります。

内観とは、自分の「内」なる心の動きや感情を、文字どおり「観察する」ことです。

たとえば失恋してつらい、失業してつらい、と思っても、その感情をごまかさないで、じっとその感情と対峙《たいじ》する。「ああ、自分はつらいんだ」「ああ、自分は苦しんでいるんだ」と、その感情を否定しないで味わうのです。

これは勇気がいることです。その勇気がない人は自分の感情と向き合うことを避け、ヤケ酒やヤケ食い、あるいはどうでもいい異性との刹那《せつな》的な関係に逃げようとします。しかしそれは、くさい物にフタをするように、見ないようにしているだけです。じっとしていると思い出してつらいからと、誰かとどんちゃん騒ぎしてそのことを考えないようにするという行為は、自分の心をごまかしているだけです。

「どん底から復活したことのある人」は、その悲しみを受け入れ乗り越えてきたという自信が精神の輝きとなり、表情や言動ににじみ出て、魅力や人間的な深みを生むわけです。しかし、自分の心をごまかしている限り、その痛みを人としての深みに昇華させることはできません。

◉忘れようとするのではなく、思い出す

たとえば失恋の心の痛みは非常に大きく、人生が終わったように感じるものです。でもそこから立ち直るには、思い出さないようにするのではなく、どんどん思い出すことです。「これからどうすればいいのか」という未来ではなく、たのしい思い出を振り返り、過去に戻るのです。

過去を振り返り、たのしかった余韻に浸る。すると余計につらく悲しくなりますが、その悲しみもじっくり受け止める。何度も涙が出るでしょう。しかしそうやってひとり、自分の心の奥底から湧き上がってくる悲しみと向き合うのです。

それには数か月、もしかすると数年を要するかもしれませんが、飽きるほどに思い出を繰り返し反芻《はんすう》し続ければ、やがて思い出という「事実」と、悲しさという「感情」が切り離されてくるときがやってきます。

そして徐々に、「自分はあの人を大事だと思っていたけど、相手にとっては自分は大事な存在ではなかった。それは悲しいことだけど、あの人はあの人で生きていくのだし、自分は自分で生きていくしかないんだ」という、どこか自分の外側から自分を見つめる、冷静なもうひとりの自分が顔を出すようになります。

そしてその冷静な自分は、「次の恋愛からはこのように接しよう」という教訓すら

引き出してくれます。

◉自分をむやみに否定しない

内観によって自分の感情をコントロールするにはコツがあります。

ひとつは、**「自分を否定しない」**ことです。

自分の感情は自分の感情として、湧き上がったものを否定せず受け入れるのです。たとえば「こんなことで悩んでいる自分はダメだ」「こんなことでクヨクヨする自分ではいけない」などと、自分を否定しようとすると、かえって自分を追い詰めることになります。

また、他人に対する感情も同じです。自分の中に「人を憎むのは良くないこと」という固定観念があると、「人を憎むような自分は人間失格だ」と自己嫌悪に陥ってしまいます。

だからそれも受け止める。「自分はあの人を憎んでいる。そうかそうか。憎んでいるのか」と、嫌いな人は嫌いなままでいい。嫌いな感情を否定しない。

「人を憎んでもいいんだ」「嫌いな人がいてもいいんだ」と自分を受け入れると、何か心の束縛から解放された気分になります。

そうやって「自分はこの人が憎い」「自分はこの人が嫌い」と、自分で自分の感情をしっかり把握すれば、感情的に反発したり、カッとなって取り返しのつかない行動をとったりすることがなくなります。

「この人ムカつく」「この人大嫌い」という感情を明確に認識すればするほど、相手の性格を分析するようになります。「この人はどういう性格なのか、その性格はどういう理由でつくられたのか」「この人とどう接するのが自分にとってさわやかになれるか」と、冷静に見つめる自分が顔を出してくるのです。

◉自分をむやみに励まさない

もうひとつのコツは、道徳的なあるべき論にとらわれて、**「無理に自分を励まそうとしない」**ことです。

たとえばうまくいかないときや、挫折しそうなときに、「くよくよするな、自分」「しっかりしろ、オレ」「こんなことでへこたれるな、私」「がんばれ、私」と、自分に言い聞かせることがあります。

もちろん、自分を鼓舞して気持ちが復活する人は、どんどんすればいいのですが、**「がんばれない自分がいる」ことまで否定すると、自分が疲弊します。**

特に世の中は「がんばれ」「あきらめるな」という努力信仰が強いですから、がんばれない自分を卑下したり、自己嫌悪に陥ったりしかねません。

内観で大切なことは、「あるべき論」で固まった自分が自分に対して説教をするのではなく、**自然にあふれ出る自分の声を受け止める**ことです。

だから、「あー自分はいま、いっぱいいっぱい。ちょっと休憩したい」と感じたら、「ああ、自分は休みたいんだな」という本心を受け止めてあげる。

そうやって、「こうあらなくちゃ」という枷《かせ》をはずし、「自分のホンネはこう言ってるなー」と、敏感に察知することです。

ちょっと慣れが必要ですが、自分の声に素直になろうとすればするほど、あるべき論をいったん脇に置いて自分の本心を感じとれるようになります。

04

「予定を詰め込む」のをやめる

やめられない人

心のバランスが崩れ、ストレスをためこむ。

やめられた人

心のバランスがとれ、充足感が得られる。

◉「ひとりになりたい」と思うのは健全な証拠

仕事や育児に追われる日々が続いたとき、「ひとりになりたい」とふと感じることはないでしょうか。もしそうなら、あなたの心はとても健全だと言えます。

なぜなら、**ひとりになること、つまり孤独には「自己回復機能」がある**からです。

私たちは毎日いろいろな人や出来事に遭遇し、さまざまな経験を重ねていきます。

また、たくさんの新しい情報や知識も吸収していきます。

それらによって、不安や怒りを覚えたり、うれしかったり悲しかったり、さまざまな感情を抱きます。

ときには自分の価値観や意向とは異なる状況に直面したり、意にそわない結果を受け入れざるをえないこともあるでしょう。

そういった**自分に起こった出来事や状況と、自分の価値観をすり合わせ、自分が納得する意味合いをつけるという、心身を統合させる作業が私たちには必要**なのです。

たとえば「不幸中の幸い」などというとらえ方があるのも、仮に不本意なことがあったとしても「自分にとってはこういう意味があった」と、自ら消化しようという古人の教えなのでしょう。

そうした思索によって納得感を得られれば、ストレスも軽減され、心のバランスがとれます。結果として心の安定だけでなく、充足感やモチベーションにもつながります。これが「自己回復機能」です。

しかし、**ひとりで自分の中に向かい合わなければこの機能は作動できません。**だから忙しい日が続くと、人は孤独になろうとするのです。

また、人と会うという行為には、相手に合わせてうなずいたり、こちらから話題や情報を提供したりするなど、大量のエネルギー消費が伴います。

本当に社交性の高い人はそうではないようですが、それが続くとエネルギーは枯れていきます。「たくさんの人と会って疲れた」と感じるのも、それだけ気をつかって消耗しているわけです。そして、そのエネルギーを再生させるのも孤独の時間です。

◉自分と向き合う時間が大切

人間は人とふれあうから成長するのではありません。人とふれあった刺激を自分の

内省

内に取り込み、それを自分の意志や価値観とぶつけ、より適切な言動となるよう、自己を変革させるから成長するのです。

実際、たくさんの人と会っていても未熟な人は大勢います。**ただ友達が多いだけの人のほうが、かえって薄っぺらい印象があるのは、刺激を自分の内に取り込めていないためです。**

それは子どもも同じです。塾や習い事に追われて自分と向き合う時間がとれないと、イライラすることがあります。**「自分の経験を振り返って、納得する」という作業ができないと、それがストレスになる**からです。

ずっと友達と遊んでばかりいるように見える子どもでも、たとえば学校からの帰り道はひとりで帰ったり、ふとんの中でしばらくぼーっとしたりなどしています。そのとき、周囲からは見えなくても本人は内省をしていて、バランスをとっているのです。

だからひとりになりたいと感じたら、その気持ちを優先させることです。休暇をとったり、まったくアポなしの日をつくったり。あるいは、公園やカフェに立ち寄ってもいいし、長めにお風呂に入ってもいい。そうやって、なるべく自分ひとりの時間を確保するのです。

◉孤独は心の成熟の現れ

しかし、そんな孤独をイヤがる人は、心身の統合作業が不足し、心が不安定なまま。だから余計に人の輪に入って自分の存在を確認しようとしたり、SNSに没頭して人とのつながりを確認しようとしたりするなど、逆の行動をとってしまいがちです。つまり彼らは心が成熟していないのです。

そもそも**人は、精神的に成熟すると、孤独を好む**ものです。

たとえば一般的に女性のほうが精神的な成長は速いとされますが、特に高校生ぐらいになると、大人びた女子ほど群れるのを避けたがる傾向があります。グループの会話がひどく子どもっぽく思えて、集団行動を恥ずかしく感じるようになるからです。

もちろんそれは友達関係を断っているわけではなく、それなりに一緒にはしゃいで、周りに歩調を合わせることはします。しかしそれはやはり疲れるので、自然にひとりの時間を求めるようになる。

そのため、ひとりでいるところをよく見かけるような子どもは、精神的に自律していることが多いようです。

そして、自律した人間ほど、孤独にはなりません。むしろ、**孤独をたのしめるから、ひとりでいても孤独を感じることがない**のです。

◉危険を察知するセンサー

ひとりの時間がとれないことの怖さは、危険を察知する能力をも低下させてしまうことです。

その**顕著な例が過労死**です。過労死はウツのひとつの結果とも言われますが、自分との対話ができないために自分を失っている状況です。

忙しすぎて、自分の置かれた状況や、不安・苦しさといったものと素直に向き合うことができず、「休む」「辞める」という選択肢が見えなくなっているのです。

朝7時から夜中の0時まで毎日働いていれば、内省の時間がとれるはずもありません。それでは命の危険すら見過ごしてしまうでしょう。

だから、**どんなに忙しくても、自分ひとりの時間を確保する**。仮に多忙な職場・職種だとしても、内省の時間を確保することの重要性を知ったうえで、働き方を選ぶことです。

内省によって自分の感情をそのまま受け止め、「つらいな」「もう限界だ」という思いを自分にぶつけると、自分の奥底から「そうか、自分はつらいんだ」「そうか、もう限界なんだな」という優しい声が返ってくる。

そんなとき、「いや、そんな弱音を吐いちゃだめだ」というかりそめの自分の「あるべき論」が反論してくることもあるでしょう。

それでもじっと耳をすましていると、もっと奥底の自分から「自分を否定することなんてないよ。弱音を吐く自分も自分なんだから」という声が返ってくる。

自分に素直になれれば、無理していることもわかるし、我慢が限界に近づいていることもわかる。そしてその無理や我慢が、自分にとってどういう意味を持つのかもわかる。

するとそのまま続けるべきか、ちょっとペースダウンすべきかの判断ができるようになります。

ひとり内省する時間を持つことによって、自分のセンサーを鋭敏にさせる。そうすれば自分に起こった出来事や自分が置かれている状況に対し、「これは良い」「これは何か変だ」と素直に反応することができるのです。

孤独は、自分の人生の主導権を取り戻す大切な時間なのです。

05
「他人のせい」をやめる

やめられない人

いつまでも人任せで、不平不満を抱える。

やめられた人

自由に行動でき、
やるべきことに集中できる。

◉**孤独を恐れなければ、行動範囲が広くなる**

孤独をたのしめる人は、自立し自律している人です。ここでいう自立とは生活（経済力）のことであり、自律とは精神のこと。自立と自律が高い次元で獲得できると、より「自由」へ近づくことができます。

しかし**誰かと一緒だと、この自由を制限される**ことがあります。

たとえばグループ旅行では、グループだからこそたのしい側面もありますが、集団の意思決定を尊重しなければならず、自分の行きたいところに行けないこともあるなど、制約が増えます。

買い物でも、友人と一緒ならあれこれ助言し合えるたのしさがある一方で、友人の行きたい店にも行く必要があるでしょう。自分はこの店でもうちょっと見たいと思っても、友人が「疲れたから休もうよ」と言えば、一緒に休まないといけない。

あるいは逆に、何かをしたい、どこかに行きたいと思ったときに、**誰か一緒に行動してくれる人がいないからできないとしたら、小さな人生まっしぐら**です。

たとえば友達を海外旅行に誘ったけど、行かないというから自分も行かない。新しくできたレストランに行ってみたいけど、ひとりはイヤだから行けない。本当はやりたいことがあるけど、一緒にしてくれる人がいないからできない。
これではたのしみの機会が激減してしまうでしょう。
しかし孤独が平気であれば、ひとりで行ってひとりでたのしむことができます。
それはつねにひとりを選ぶということではなく、**グループで行ってたのしむことも**
あるけれど、ひとりでも行くし行けるという、自分の行動を選べるということです。
それは人生の選択肢が増えることであり、選択肢が増えることは自由が増えること
を意味します。

◉自由とは自己責任、自己責任とは自由である

ひとりであればこそ、他人からの影響や制約を受けず、すべて自分で決めることが
できます。他人に関係なく自分自身の考えと判断で自由に行動できるという状態は、
自由そのものと言えるでしょう。
そんな自由を獲得するために必要なのが、自己責任意識です。
日本社会では「すべて自己責任論で片づけるのは良くない」という論調が主流です。
しかし**自分の身に起こったことが自己責任ではないとしたら、それはいったい誰の責**

任なのでしょうか？　その誰かは責任をとってくれるのでしょうか？

他者に責任を押しつけたとしても、どうにもならないことがほとんどであるにもかかわらず、なぜ自己責任から目を背けたがる人が少なくないのでしょうか。

たとえば給食費未納問題に端を発し、無償化しろという意見が出ています。奨学金の返還が困難な人が増えているという問題に端を発し、「奨学金という名の学生ローンだ」「給付型にしろ」などという意見が出ています。ＩＲ（統合リゾート）法案の審議に対し「ギャンブル依存症が増えたらどうするんだ」という意見が出ています。

しかし、親はそもそも学校に給食があり、給食費を払う必要があることを知っていて子どもを学校に通わせているでしょう。給食費を払いたくないなら、最初から給食がない学校へ行かせればいいだけのはず。

奨学金も、返済できない収入の職業を選んだのは自分であり、誰かに強制されたわけではない。就職できなかったという理由もあるようですが、同じ学校・同じ学部に通った同級生で就職できている人もいるはず。ではその違いは何でしょうか。

たとえば自己分析があいまいなまま就職活動をしたとか、学生時代に自己の鍛錬を怠ったとか、何か理由があるはずですが、でもそういう学生生活を選んできたのはほかでもない本人自身です。

ギャンブル依存症も、そのギャンブルに財布を開いているのは本人であり、強要されているわけではない。

つまりいずれも、本来は自己責任のはず。

しかし日本のメディアや世論も、個人に対し「もっと努力したほうがいい」「頭を使え」とは決して言いません。そのほうが、大衆に受け入れられやすいからでしょう。貧困や格差の問題も、「個人が努力しろ」とでも言おうものなら、炎上しそうです。

そのため、奨学金が返済できないのは貸す側の問題だ、奨学金という名称がまぎらわしい、給食費は無償化すべき、貧困や格差は社会の構造がおかしい、などと責任の所在を個人ではなく外部に求め、他人に責任転嫁しようとします。

ではその誰かがいなくなったら？　頼れないとわかったら？　怒ってもデモを起こしてもどうしようもない。ただぼう然と立ち尽くすしかできないでしょう。

給食を食べるだけ食べて払わない、奨学金を使うだけ使って返済しないこと、果ては本人の就業状況や懐事情まで、**「自己責任」ではなく「誰か別の、社会や制度といったあいまいなもの」に責任を転嫁するような精神性では、誰かに依存しなければ生きていけない、永遠に弱者のまま**です。

◉「すべてが自己責任」ととらえて行動する

弱者から抜け出し自由や成功を手に入れるには、「すべてが自己責任」ととらえて行動することです。

進学する・しないは自己責任、就職できる・できないも自己責任、収入が多い・少ないも自己責任、リストラに遭う・遭わないも自己責任、成功する・しないももちろん自己責任。

そう考えれば、自分がやるべきことを自分で考えますし、**未来を予測し、さまざまなリスクに対しても自ら備えようとします**。

たとえば自分のスキルや職業に対しても「将来こうなりそうだから、いまから準備しておこう」と考えます。

あるいは、「安い料理を出す店には安い理由があり、それは健康リスクにつながるから控えよう」とか、「転んでケガをしないように、駆け込み乗車はやめよう」といった判断にもつながります。それは仕事やお金の面に限らず、**人生のリスクすら極小化できる**のではないでしょうか。

06

「見栄を張る」のをやめる

やめられない人

理想と現実のギャップに苦しむ。

やめられた人

理想と現実のギャップを埋められる。

◉自分の本心をごまかさない

孤独を恐れる人は「周囲にどう思われるか」を起点に理想を描きがちです。

社長になりたい、芸能人になりたい、お金持ちになりたいとか、周囲にすごいと言われることや、うらやましがられることに価値を置いています。

そこまでではなくても、「キラキラしている自分」になりたいともがいている人、周囲から認められるような活躍ができてない自分を嫌悪している人は少なくありません。そんなふうに他人の目を優先し、「ありのままの自分」の姿や本心をごまかして振る舞うと、心が疲弊してしまいます。

私自身も、かつては「有能に見られたい」「頭が悪いと思われてはいけない」という感情があり、実力があるように見せようとしていました。

でも、**過剰な自己アピールは疲れるし、自己嫌悪にもなる。本当の実力がバレてがっかりされないかという不安や重圧を抱えることになる。**

しかしいまは、ウソもつかず、隠し事もせず、見栄も張らず、「自分はこういう人間ですから」とすべてオープンにしています。

正直に本当のことを言うので、あとで矛盾が起こることもなく、自分が苦しくなる

こともありません。他人の目を気にすることなく、自分の本心に従って行動しているので、本当に毎日が「さわやか」に感じられるようになりました。

◉「ウソ・隠し事・見栄」はいらない

服装なども「普段着は安くてラクなほうがいい」という自分の本心に従っています。そのため普段はほぼ全身ユニクロかジーユーで、上から下まで総額5000円くらいでしょうか。しかも毎日同じ格好なので「いつも同じですね」と言われますが、「このほうがラクなんですよ」と答えています。

「ちょっと毒舌じゃないですか」と言われたら「文章はこれぐらいのほうが刺さりますからね」、「あなたが言っていることは矛盾している」には「私もそう思います」、「そういう考えは自己中じゃないですか」には「おっしゃるとおり、私は自己中ですから」などと、**いつも正直ですが、何も困ったことは起きません。**

また、名誉や肩書にも興味がありません。いろいろな事業を手がけているため、「何をされているんですか？」と聞かれたら、面倒くさくて「フリーターです」「自宅警備員です」「一級在宅士です」「代表戸締役です」などと冗談交じりに答えています。

テレビなどに出ることにも興味はなく、むしろすべて断っています。その理由は自由が奪われるからです。テレビに出て自分とは関係ない人にまで顔が割れると、いろいろなところで指を指され、過ごしにくくなるからです。

いまでさえ、子どもの保育園関係や妻のママ友関係で名前を検索され、「なんでこんな人がここに」などと言われ、いちいち面倒だと感じます。

孤独をたのしめる力は、他人の目を気にすることなく、いまの自分を主役に置いて振る舞える勇気につながります。

だから、**ウソや隠し事、見栄は不要で、すべて正直ベースで過ごせる。すると、「こんなさわやかな日々はない」という感情を抱くことができます。**

そして、「他人を意識した理想の自分」で本音の自分を隠すのではなく、本音の自分を出しながら「自分が幸せに感じられる理想」に近づけるよう修正していくのです。

自分の本心をごまかさない生き方をすれば、ウソも見栄もいらないのです。

◉ 「超鈍感」ぐらいでちょうどいい

私は、閉塞感の強い現代の日本においても幸福を感じられる人とは、打たれ強い人だと考えています。これは孤独力を高めることと通じるものがあります。

打たれ強いというのは、「他人からどう思われても平気」ということです。どんなボロボロの格好をしていても、どんなボロ家に住んでいても平気。会社で上司からドヤされても平気。給料が減ってもリストラされてもケロリ。

普通の人が困ることや悩むことでも平常心でいられる。普通の人が恥ずかしいと思うことでも気にならない。挑戦して失敗しても、心の痛みを感じない、超鈍感野郎。**どんなに環境や状況が変わってもストレスを感じることがなく、何が起きても動じないというのは、何でもできる、まさに最強の人間**でしょう。

だから私自身も、そういう境地になろうと日々メンタルを鍛えています。鍛える方法は2つあります。

ひとつは、「意味合いを変える」こと。たとえば**普通の人が10つらいと感じることを、どう受け止めればそのつらさを1にできるか、自分の中で意味づけを変えていく**作業です。この方法は後ほどくわしく紹介します。

もうひとつは、「バカに思われるくらいでちょうどいい」という割り切り感を持つことです。そうすると、無駄なプライドに縛られなくなるからです。

◉すべてはよりたのしい人生にするために

私のいまの人生の目的は何かというと、他人から優秀だとかお金持ちだとか思われることではなく、より自由になること。そして、好きなこと、たのしいと思えること、ワクワクすることだけをして生きることです。

そう考えたら、バカのほうが警戒されることはないし、不純な目的の人が近寄ってくることもない。**自分はバカだと割り切れば、他人の目を過剰に気にすることもない。バカになれば恐れず挑戦できる。**

それに、**バカになれたほうが知識も増えます。**

「こんなこと聞いて、バカだと思われたらどうしよう」などと、直接言われたわけでもないのに、勝手に「バカと思われるんじゃないか」などと気にする必要がなくなるからです。

わからないことがあったら、わかることが目的だから、知ったフリをすることもなく、堂々と聞ける。だから知識がどんどん増えるのです。礼儀正しく普通に質問すれば、大人の相手であればバカにすることなく礼儀正しく教えてくれるものです。

第2章

人間関係

07

「友達の数を気にする」のをやめる

やめられない人

神経をすり減らして、自分を追い詰めてしまう。

やめられた人

本当に必要な仲間ができる。

◉「人から嫌われると生きていけない」は本当？

孤独をネガティブにとらえる人は、他人に嫌われることを極端に恐れます。「人はひとりでは生きていけない」「人間は社会的な生物である」と信じて疑わず、友達を大切にしようとします。

もちろん、それがいけないということではなく、それはそれで重要なことではありますが、そのために自分を曲げて神経をすり減らして生きていては、やがて自分を追い詰めてしまいかねません。

そこでもし、「孤独は避けなければならない」「人から嫌われてはいけない」と考え、人間関係に窮屈さや生きづらさを感じている人は、**「人から嫌われて仲間はずれにされたら、本当に生きていけないのか？」を具体的に考えてみる**ことです。

そもそも、よほど周囲に毒を吐きまくっている人でない限り、全員から嫌われることはありません。あなたも自分の職場やママ友グループを見渡したとき、好きでも嫌いでもない、特定の評価を抱いていない人はいると思います。

つまり、自分からあえて他人を攻撃するようなことをしなければ、好かれることはなくても嫌われることもないものです。

だからまずは、**「いたずらに他人を否定・批判・非難しない」という原則を守る。**それは見て見ぬフリをするとか、迎合するということではなく、「自分はこう考えるけど、そういう考えもあると思うよ」と、相手の意見を尊重するということ。

そういう姿勢を持てば、あとは自然体で自分を出していいのです。

◉本音でつきあえないのは友達とは呼べない

自分らしく本音で振る舞って、空気の読めない人と思われたらイヤだとか、つきあいづらいと仲間はずれにされるのが怖いと思っている人はたくさんいます。

でも、本当の自分を出して嫌ってくる相手なんて、友達と呼べるのでしょうか。そういう人と一緒にいることに、いったいどういう意味があるのでしょうか。

自分は本当の相手を受け入れて、相手も本当の自分を受け入れてくれるという関係こそが友達のはずです。

そしてそういう相手なら、一緒にいて心地いいし、お互い黙っていて沈黙があっても、豊かな気持ちでいられます。自分を飾らず、我慢せず、見栄を張らず、自然体でつきあえます。

だから、**そういう人を大切にし、そうでない人に割く時間を減らし、大切な人へ注**

ぐことです。人生は長いようでいて短い。どうでもいい人に費やす時間などはないのですから。

◉「いざというときに相談できる友達」はいらない

いざというときに相談できる友達は多いほうがいい、と思うかもしれません。しかし、その**「いざ」とはどういう場面でしょうか**。そして、その場面に対処できる能力を持った人は、どのくらいいるでしょうか。

たとえば私が若いころ、恋愛でうまくいかないときに女性の友達に話を聞いてもらったりしたことはありましたが、それは相談というよりも、単に吐き出したかっただけのように思います。

それはなぜかというと、自分の感情を自分で処理できず、誰かに聞いてもらって同情してもらい、慰めてもらいたかったからです。

しかし孤独力があれば、自分ともうひとりの自分を心の中で対話させ、感情を受け止め、自分だけで処理できるようになりますから、そういう相手は不要です。

そして大人になれば、親や友達に相談しなければ解決できない問題はほとんどありません。それどころか、友人知人はあまり役に立たないことのほうが多いものです。というのも、**大人の「いざというとき」「困ったとき」というのは、専門家にお金を払って相談すべきことばかり**だからです。

たとえば、病気やケガなら医者に、法的なトラブルなら弁護士に、税の問題なら税理士に相談するでしょう。

にもかかわらず、専門知識や経験を持たない友達に相談したとしたら、むしろ誤った判断をしてしまうリスクすらあります。

ほかにも、転職なら転職エージェントに相談したり、子育ての悩みなら自治体の保育課に相談したりしたほうが、いろいろ役に立つ助言をもらえます。恋愛や夫婦関係も、プロのカウンセラーに相談したほうがより的確かつ客観的なアドバイスをもらえるでしょう。

もちろん「誰に相談していいかわからないとき、知り合いが多ければ紹介してもらえる」という利点はあるかもしれませんが、いまやネットで検索すれば多くの専門家にアプローチできますから、**「いざというときに相談できる友達」なんて不要**なのです。

◉友達は、人生を豊かにする一要素に過ぎない

「豊かな人間関係さえあれば、人は助け合って生きていける」と主張する人がいます。たしかにそういう一面もありますが、そうではない一面もあると私は思っています。

たとえばキャンプやバーベキューなどは、友達同士で集まってワイワイするほうがもちろんたのしい。でも毎日キャンプやバーベキューはやっていられないでしょう。

友達とライブやコンサートに行くのも、たしかに盛り上がってたのしいのですが、部屋でひとり静かに好きな音楽に浸るというのもまた、豊かな時間です。

仮に友達が多くても、お金や時間がなければ、たのしめる選択肢は狭くなります。

映画やドラマなどでは、お金がなくて困ったから友達の家に転がり込んで世話になるとか、お金を借りたり食事をおごってもらったりするシーンが出てきますが、学生時代ならともかく、現実に大人がそれをできるでしょうか。

いろいろな考え方があるとは思いますが、私は、**友達の存在とは、自分の人生を豊かにする一要素に過ぎず、それだけで幸せかどうかを測ることはできない**と考えています。

友達はいなくても、大好きなアニメやゲームをしている時間が最も充足感を覚える

ときであり、それらを失うことは親を失うより悲しいという人もいるでしょう。友達との飲み会よりも、コミックマーケットやサイン会のほうが重要という人もいる。ひとりプラモデルをつくったり、釣りをしたり、家に帰ってビールを開けたりする瞬間が至福のときという人もいる。

つまり、もしいま、神経をすり減らして人間関係に疲弊しているのであれば、**世の中の「友達を大事に」という圧力をいったん脇に置く**ことです。そして、「自分の人生の豊かさには何が重要なのか」「自分が至福に感じる瞬間はどういうときか」「そのために必要なのはどういう人か」を、素直に問うてみることです。

ちなみにいまの私も、フェイスブックなどでつながっている幼なじみや同級生、かつての職場の同僚などを除き、普段はいわゆる友達というのは誰もいない状態です。しかし孤独を感じないのは、取引先という仕事の仲間がつねにいるからです。

私は仕事をするのが何より好きですから、仕事仲間がいることが、充実した生活につながっています。

◉目標に向かって邁進する人には、仲間や応援者が集まる

マンガの例で恐縮ですが、たとえば『ONE PIECE』でも、かつてルフィとウソップが反目しあったこともあるし、ゾロとサンジはよく張り合っています。彼らは友達ではなく仲間であり、ライバルでもあります。

あるいは『NARUTO』でも、主人公のナルトにとって、周囲の仲間は里を守るために一緒に戦う戦友です。サスケはライバルです。

そしてナルトが悩みを打ち明けるのは、イルカ先生やカカシ先生、自来也《じらいや》先生であり、友達ではありません。

だからというわけではありませんが、**大人にとって必要なのは、友達よりもむしろ切磋琢磨し合える仲間、戦友、同志、ライバル**です。そしてそれは、目標に向かって邁進している人の周りに集まってくるものです。

実際にも、たとえば起業家は最初はひとりで会社を立ち上げたとしても、「これで世の中を変えたい」というビジョンを掲げて行動しているからこそ、それに共感する取引先や従業員が集まってくるわけです。

つまり、あえて友達などを求めなくても、自分に意志や目標がありそれに向かって行動していれば、仲間は自然に集まり孤独になることはないのです。

逆に**「自分は孤独だなあ」と感じているとしたら、意志も目標もなく行動の量も足りずに生きている**ということ。

だから孤独感を払しょくしたいなら、目標を掲げ、自分の意志を持って行動することです。

◉孤独力がある人は、本当の孤独にはならない

そもそも人は、**孤軍奮闘する人間を応援したい生き物であり、そうした人を見て刺激を受けたり感動したりする生き物**です。

たとえば映画やマンガでも、みなが怖気づいて見守っている中、ひとり敵に立ち向かおうとする主人公に感化され、一緒に戦おうとしたり、手伝ったりするシーンを目にしたことがあると思います。

一方、草むらに隠れてビクビクしている人が、誰かに応援されることはありません。自分でがんばろうとしない人を、周囲は助けてあげたいとは思えないものです。

だからもし、「誰も手伝ってくれず孤独だ」「誰もわかってくれず寂しい」というときがあったとしたら、ふて腐れるのではなく、**「自分ひとりでもなんとかする」という姿勢を貫くことです。その姿こそ、人を引きつける磁力を生む**のです。

08

「無理してつきあう」のをやめる

やめられない人

大切な時間とお金を浪費してしまう。

やめられた人

目的から「健全な打算」をして行動できる。

◉大人の人間関係は打算くらいでちょうどよい

孤独を恐れない自分になれば、「ひとりになりたくないから」「ひとりでいるよりはましだから」という動機がなくなるので、好ましくない人間関係でもなんとか維持しようなどとは思わなくなります。

自分の人生が豊かになる人とだけつきあい、自分にダメージを与えるような人とはつきあわない、という選択が自然にできるのです。**人間関係に妥協せず、よりよい人だけを残すのは、幸福な人生につながります。**

それは必ずしも関係を切ることを指すのではなく、距離を置くことも含まれます。「もうこれっきり」などと絶縁するのではなく、こちらからは関わらない。誘われても何かと理由をつけてやんわり断る。すると、自然に淘汰《とうた》されていくものです。

そして大切なのは、ひとりの時間をつかって、他人にメリットを提供できる自分に進化させていくことです。メリットのある人間を周囲は放っておかないからです。

自分からアプローチしなくても、相手から求められるようになる。そのほうが断然ラクだと思いませんか。

そして、もし孤独が怖くて無理してつきあっているとか、人間関係が苦しいと感じているとしたら、**思い切って打算で判断する**ことです。

打算とは、自分にとってメリットがあるかどうかです。もちろん、相手も打算的な人ばかりになるかもしれませんが、そのほうがむしろサバサバしていてすっきりした関係になります。

たとえば、職場では和気あいあいとすることではなく、仕事で成果を出すことが求められているわけですから、それが達成できれば会社からは評価され、自分の居場所を確保できます。だから仕事が終わったらサッと帰り、飲み会に誘われても行かなくたっていい。

ママ友の会は、子どもや学校の情報交換の場としてはたしかに有益なこともありますが、必要な情報なら学校に問い合わせるか子どもに聞けばいい。子育てで悩み事があるなら、専門家に聞いたほうが正確。だからお茶会の誘いも断り、子どもと一緒にさっさと帰ってもいい。

◉「心を許せる人がいない」は寂しいことか？

「心を許せる人がいないのは寂しい」と思いますか？　しかしそれは、別に寂しいことではありません。**そもそも他人に心を許す必要などない**からです。

心を許せる相手とは、何でも話せるとかリラックスして会話ができる人ということとでしょうか？

しかし孤独力が高ければ、他人からどう思われるかが気にならなくなるので、相手が誰でも気軽に本音を話せます（あえて言う必要のないことまですべて本音を出すということではありません）。

また、悩みやストレスは自分で消化できるようになるため、他人に相談する必要性を感じなくなります。つまり、心を許すとか許さないといった次元を超えて人とつきあうことができるのです。

◉もっと自分中心、目的中心に生きよう

たとえばパーティーや結婚式などに誘われたら断れないという人がいます。

これも、自分はどうしたいか、自分は何を達成したいかを優先させることです。

単なるおつきあいでパーティーに参加するなら、**顔を立てたい人にひと言挨拶できればいい**ので、無理して名刺交換する必要はありません。

そして、何か予定があることを伝えてしばらくしてから帰ってもいい。パーティーでは、みなその場をたのしむことが最優先で、先に帰った人のことが話題になることはないのですから。

結婚式の2次会などでも、義理を果たすという目的を達成すればいいので、周囲に知っている人がまったくいなくても、別に無理して仲良くなろうとする必要はありません。仮に誰も話せる人がおらず「ぼっち状態」になっても、主役の二人や盛り上がっている会場の様子を、黙ってほほえましく眺めているだけでいい。

もちろん、なかなかそう簡単に割り切れないから人は迷うわけですが、人の誘いを断れないという人は、**人生年表**を書いてみてはいかがでしょうか。

自分が生まれた年からこの世を去るまで、おおよそ90年くらいのラインとして、小学校、中学校、高校、大学、就職、結婚や子どもの誕生、会社での異動や昇進、マイホームの購入など、仕事とプライベートのおもな出来事をプロットしていきます。

すると、いま30歳の人は、すでに人生の3分の1が過ぎていることがわかり、**これまでの人生がいかに「あっ」という間で、残りの人生もきっと「あっ」という間に過ぎるだろうということがわかります。**

そして、これからの人生をどう過ごすことが、後悔のない生き方になるかを考えると、自分をごまかして生きるのも、どうでもいい人のどうでもいいダラダラ話につきあうのも、人生の無駄遣いだとわかるでしょう。

◉自分と合わない人と無理してつきあわない

友達は大事、友達は必要、という意見に反対する人は多くないと思います。しかし繰り返しになりますが、友達の存在は人生を豊かにするひとつの要素に過ぎません。**たのしく過ごせる友達がいるならそれはそれでいいし、いなくてもそれはそれでいい。**ましてや、自分とは合わないなあと感じている人にまでも、無理して友達関係を続けようとすることは必要ないのです。

ゲシュタルト療法の創始者、フレデリック・パールズの「ゲシュタルトの祈り」という有名な言葉を紹介します。

わたしはわたしのことを、あなたはあなたのことをする。
わたしはあなたの期待に応えるために、この世にいるわけではない。
あなたはわたしの期待に応えるために、この世にいるわけではない。
あなたはあなた、わたしはわたし。
もし偶然にお互いが出会えれば、それはすばらしいこと。
もし出会わなければ、それはそれで仕方がないこと。

09 「自分の弱み」を隠すのをやめる

やめられない人

周囲に人柄も伝わらず、疲弊してしまう。

やめられた人

弱さを認めてくれる人と出会える。

孤独を恐れる人は、自分の弱みをさらすことを避けたがります。弱みを知られて周囲から見下されること、実力がバレてがっかりされること、あきれられたりして人が離れていってひとりになることを心配するからです。

同じような理由で、彼らは失敗も恐れます。失敗は良くないことだという思い込みが強く、それで自分は無能な人間だと思われたくないからです。失敗を恐れるから挑戦を躊躇《ちゅうちょ》します。だから成果も出ないというループにはまり、結局何かを成すことはできません。

しかし孤独を恐れない人は、自分の弱みをさらけ出すことを躊躇しません。そのために人が離れていったとしても、それはそれで仕方がないと思っているからです。彼らは**自分の弱みすら肯定できている**からです。

それは、単なるあきらめとか、現状維持でいいという逃げの意味ではなく、「たしかに自分の欠点かもしれないけれど、それも含めて自分である」と受け入れているということ。

だから、仮にそれで**他人にバカにされたとしても、「そういう人もいるんだ」くらいで気にならない**のです。

また、孤独をたのしめる人は、どうでもいい人と無理してつきあう発想がありませんから、**人の欠点をバカにする程度の人間は自分の周囲には不要**だと、良い意味で割り切っています。

だから彼らは失敗も恐れません。失敗とは自分の学びであり、恥ずかしいものではないという認識があるため、それで他人がどう思おうと関係ないからです。失敗も含めて自分をさらけ出すことができるのです。

◉さらけ出せばいつもさわやかな気分でいられる

また、弱みを出せない人は、心が少しずつ削られていきます。

たとえばお金持ちではないのにお金持ちを装う。さほど優秀ではなくても有能なように振る舞う。もう若くないのに、老いを隠そうとする。本当は自己中心的なのに、慈愛にあふれているフリをする……。

経歴詐称などはその典型で、自分はバカだと思われたくないから、認めてほしいから、一流の経歴を装う。しかしそれはウソだから、バレないように、いろいろストーリーや理由を考えて辻褄《つじつま》を合わせないといけない。ウソを隠すためにまたウソをつかなければならない。バレたらどうしようという不安感がつねにつきまとう。いったい何年、何十年この状態を続けなければならないのか。これでは疲れるのも当然です。

しかし、自分をさらけ出せる人間の心はいつもさわやかです。隠し事をする必要がない状態というのは、心の引っ掛かりがないからです。

辻褄を合わせる努力もそのための精神的負担も不要で、いつも本音で生きることができます。**自分の素性を誰からもガードする必要がないというのは気分爽快**です。

◉弱みはむしろ共感のベースとなる

では、どうすればそんな心の強さを獲得することができるのか。その方法のひとつは、**「その弱みを見せたとき、いったいどのような困ったことが起こるのか？」を具体的に考えてみること**です。

たとえば私の場合、「自分はネクラで人見知りで引っ込み思案という三重苦を抱えています」と公言していますが、それを聞いた周りの反応は「え、そうなんですか？そうは見えないですけどね～」くらいのもので、何か悪いことが起こることはありません。

私は投資やビジネスに関する情報発信もしていますが、損や失敗もすべてオープンにしています。それを自分なりに分析し、「自分はこういう理由で失敗した。だからみなさんはそこに気をつけてね」と発信しています。

最初は「ざまあみろ」「案外たいしたことないな」という反応があるかと思っていたらむしろ逆で、「いつも成功ばかりの優秀な人かと思っていましたが、好感が持てました」という意見のほうが多かったのです。

そんな経験から、自分の弱みは、顧客や読者からの共感を呼べる財産でもあると認識するようになりました。

そして**自分の弱みや欠点は、隠すのではなく肯定し、表に出せば出すほどコンプレックスは薄まり、むしろ自分に対する信頼感や自信につながる**のだと強く確信しています。「こんな自分だけど、いやこんな自分だからこそ自分は自分を気に入っている」と思える境地です。

多くの人が経験したことがあると思いますが、たとえばいつも完璧に見える人がドジをしたら、意外に感じて好意的に受け取ることもあるでしょう。お笑い芸人も、自分の欠点を上手に表現して笑いをとっています。

弱みを見せることは恥ずかしいことではないし、むしろ魅力にもなるのです。

◉「自分が嫌い」という人への質問

「自分の性格が嫌い」という人は少なくないと聞きます。でもそういう人は、嫌っているだけでどうすべきかの戦略がまるでないことがほとんど。変わりたいなら変わるための方法論を考えているはずですが、考えてもいないのです。

そこで、次の質問を投げかけてみたいと思います。

・具体的にどういうところが嫌いなのか？
・それはなぜなのか？
・それでどういう困ったことになっているのか？
・ではどういう性格が理想なのか？
・その性格になることは、より自分らしく生きられるようになるのか？
・では具体的にどうすれば理想の性格になれるのか？

これらに自問自答すると、ほとんどの人がぼんやりとした不満であり、明確な答えを持っているわけではないとわかります。

つまり彼らは自分の周りにいる友人知人、あるいは著名人の印象などから、単にうらやましく思っているだけで、「仮面ライダーになりたい」「魔法少女プリキュアになりたい」と言っているのと同じレベルの発想なのです。

そもそも本当に困っていて深刻だと思っているなら、とっくに改善に向けて行動を起こしているはず。

たとえば私の妻は、話すためのボイストレーニングスクールを運営していますが、中には「自分の声が嫌い」という受講生もいて、彼ら彼女らは決して安くはない受講料を払って通い、改善に努めています。つまり本当に嫌いなら、変えるためには何でもやるということです。

だから自分の性格が嫌いという人で、でも特に行動を起こしていない人は、「本当に嫌いなの？　本当にそれで悪いことばかりなの？」と自問してみましょう。

実は、**本当に嫌いなわけではなく、自分の個性を認めてくれる人が周りに少なく、自分とは違う性格の人がちやほやされている状況を見てうらやましいと感じているだけ**。つまり自分を見てほしい、自分を認めてほしい、自分を理解して受け入れてほしい、でもそうなっていないという満たされない承認欲求が、自分を嫌うという反動になっているのです。

◉思い切って交友関係を変えてみる

その原因のひとつには、交友関係のミスマッチがあると考えられます。

もちろん、グループにはいろんな人がいていろんな役割分担があり、それらがうまく噛み合って仲良しグループを構成するわけです。そして望ましいのは、それぞれは違う人間であっても、それでもお互いが個性や性格を尊重し合える関係です。

しかしそのグループにいながら「自分の性格が嫌い」という思いがぬぐえないなら、それは**あなたの個性を理解し受け入れることができない人たちとつきあっている可能性を疑ったほうが良い**でしょう。

そこで、思い切って交友関係を変えてみることです。

学校や職場がらみで無理なら、そこは現状維持のまま、趣味や娯楽などほかの世界で新たな交友を見つけるのです。きっと「あなたのそういうところがいいと思う」という人が現れるはずです。

10

「本音」を隠すのをやめる

やめられない人

人の輪の中にいても寂しさを感じる。

やめられた人

自分も相手も認めることができる。

◉人の輪の中にいても「寂しい」と感じるのはなぜ？

孤独感の強い人は、人の輪の中にいても「寂しい」と感じることがあります。それは、自分の本音を隠しているからです。

本音での人づきあいに慣れておらず、距離感のとり方や、ケンカをしたときに関係を修復する方法がわからない。自分に自信がないから、嫌われたらどうしようと傷つくのを恐れる。そしてますます本音が出せなくなる。

自分が本音を出さなければ、相手は心理的な距離感を感じます。そして「この人はあまり自分のことを話したくないんだな」「あ、この人にはあまり踏み込まないほうがいいな」と考えます。つまり相手も本音でつきあってくれないわけです。

人は鏡です。ぞんざいな言葉を投げつければ、ぞんざいな言葉が返ってくる。笑顔で優しい言葉を投げかければ、相手からもにっこり笑顔が返ってくる。

だから人の中にいて疎外感を感じる人は、実は無意識のうちに、自分のほうから周囲を疎外し、自分の中に閉じこもっているのです。

◉自己開示は、好意と信頼の証し

孤独を恐れる人は、「周りは自分のことを理解してくれない」という不満を持っています。しかしそれは、自分が他人のことを理解しようとしていないから。自分ではそんなつもりがなくても、そもそも自分を開示していないし、本当の意味で周囲の人を理解することにも興味がなく、他人にどう思われるかで頭がいっぱいなのです。

だから、「こう言ったらこう思われそうだからやめておこう」ではなく、まずは自分の本音をぶつけ、相手の反応をよく観察すること。そして、次からの自分の言動を修正する姿勢を持つことです。

自分を抑えることは自分を隠すこと。それは相手に対して疑念や敵対心、不信感や無関心さという雰囲気を与えます。

反対に、自分を開示することは相手に対する好意と信頼の証しです。セールスマンでも「実はぶっちゃけ……」とデメリットも説明してくれる人のほうが信頼できる印象があるし、悩みを打ち明けてくれる友人には「自分のことを信頼して相談してくれている」と感じることもあるでしょう。

だからたとえ最初はうまくいかなくても、本音を出して人とつきあうことです。本音といってももちろん、言葉を選ぶ必要はあります。

相手の行動が不満だからといって「なんでそんなことするの！」という言い方ではなく、「自分はこうされると悲しいから、次からはこうしてくれるとうれしい」とか。「それは違うと思います」ではなく、「あなたの意見もわかります。でも自分はこう思います」。「それはイヤです」よりも「自分はこうしたいです」など、相手の意見や考えを尊重しつつ、素直な自分の感情を出すことです。

◉自分がわかれば他人もわかるようになる

そして、自分の心の動きを冷静に観察できるようになると、他人の感覚にも敏感となり、相手の行動や、発言の背景や真意が自然に理解できるようになります。**自分というものがわかればわかるほど、他人のこともわかってくる**。自己理解が他者理解を促進させる効果があるのです。

たとえば「今日、あの人に無視されてムッとした」という場合。

「いつもは朗らかなのに、どうしたんだろう」

「何かまずいことを言ったろうか」「いや、そんなことはない」

「もし自分が無視するとしたら、どういう場面だろうか」

「忙しくて余裕がなかったんだろうか」「考え事をしていて、自分に気がつかなったんだろうか」

「明日は笑顔で接してみよう」「違う話題を振ってみよう」

「それでダメなら何か私に言いたいことがあるということかも」「そのときはなんでなのか聞けばいいか」

そうやって自分だったらどう思うか、自分だったらどう行動するかを、もうひとりの自分が見つめ、「こうではないか」「ああではないか」と自分の感情に照らして考えを巡らせる。

自分の気持ちがわかれば、他人のことも「たしかにそう感じても仕方ないよなあ」などとわかってくる。

これは「深読みしすぎる」というネガティブな意味ではなく、「次からこうしてみよう」というアクションにつながる想像です。

また、**孤独を恐れる人は、自分の感情の動きを見る余裕がないため、自分の痛みや苦しみだけに飲み込まれがち**です。

他人の心の動きを察知する余裕がなく、なぜ相手はそういう言動をするのかも理解できません。そうやって不満ばかりが高まります。

だからそういう人ほど「なんでわかってくれないの」「なんで自分ばっかりこうなるの」「どうせ自分は」「だって、でも……」と自分が中心です。

しかし、孤独の中で内省の習慣ができると、仮に意に反する出来事や結果になったとしても、自分の苦しみや悲しみを受け入れ、静かに耐え、意味づけし、飲み込んで消化できるようになります。

そして、そういう心の動きを自分で察知し感情を処理する力が高まると、何も言わない人にも、それぞれ苦労や悲しみがあること、それを無言のうちに察することができるようになります。

人には人の事情がある、みなそれぞれいろいろある、自分だけが特別に不幸なわけじゃないんだ、と。だから絶望感に襲われることもない。

自分の感情の動きがわかれば、同じような状況で他人が感じる感情も想像できるようになる。つまり**他人を思いやれる人は、自分の感覚を思いやれているということ**です。

◉他人を認めることが自分を認めてもらう原点

「自分を認めてほしい」という承認欲求は誰にでもある自然な感情です。

だから自分の話を丁寧に、肯定的に聞いてくれる人には自分を認めてくれていると感じ、人は心を開き、信頼し、好意を抱くようになります。

逆に「○○してほしい」「あの人は○○してくれるはずだ」と相手に依存していると、期待とは違う反応のときにがっかりしたり、イライラしたりしてしまう。

同様に、「誰も自分を愛してくれない」「大事にしてくれない」という人は、実は本人のほうも誰も愛していないし、大事にしていないのです。

他人からの愛は求めるくせに、自分からは愛を与えようとしない態度は、どう考えても身勝手なのですが、彼らはそれに気がつかない。

人から認めてもらいたいと思ったら、まずは自分から相手のことを認め、愛し、大事にすることです。

相手の話をよく聞く、相手がどのような反応・返事を欲しているのか想像する。それは自分を曲げるとか抑えるとかではなく、共感や寄り添いの気持ちです。

そしてそういう気持ちがあると、実は孤独など感じないものです。**自分から手を差し伸べることができる人、そういう余裕がある人は、ひとりであってもつねに誰かとつながっている感覚を持てる**からです。

11 「嫌われることを恐れる」のをやめる

やめられない人

手持ちの人物像パターンが少なく、人間関係に苦労する。

やめられた人

人をすばやく理解し、接し方を適応させられる。

◉**「人物プロファイリング」で自分の言動を調整する**

私たちの悩みやストレスの多くは人間関係によってもたらされますから、**他者をどのように解釈するかは、自己の幸福に大きく影響します。**

私たちは、理解できない人間のことを不気味に感じ、そういう人と接していると精神が不安定になります。

そこで、**他人を指して「ああ、この人はこういう人なんだな」と、自分の中にある枠組みに当てはめて解釈しようとします。**そうやって型にはめることで、「理解できない人間」「よくわからない人」という状況を減らし、安心感を得ようとするのです。

犯罪捜査の現場では、**「プロファイリング」**という確立された手法があり、広く活用されています。

たとえば「この種の犯罪を犯す人は、こういう人物で、こんな心理状態にある」とか「こういう性格の人は、このような犯罪を犯す傾向がある」などと、膨大に蓄積された犯罪及び犯人像のパターンに当てはめて、容疑者の特定や犯罪予防に役立てています。

このプロファイリングは、実は私たちも普段、無意識のうちに使っています。たとえばいつも突拍子もないことを言う人を、「あの人はああいう人だから」と受け止めようとします。

あるいは「あの人はこういうことにはうるさいから」と性格を測定し、自分が不利にならないよう、あるいは有利になるよう自分の言動を調整するでしょう。

つまり、**他人を解釈する指標や枠組みが多ければ多いほど、人のことをより理解できるようになります。**それは結果として自分と他人との関係をよりうまく調整・適応させることにつながり、精神が安定します。

◉孤独を恐れる人はプロファイリングをしていない

しかし孤独を恐れる人の多くは、そうした指標や枠組みが少ないために、自分とは異なる多種多様な人々にうまく適応できず、人間関係に苦労することになります。

それはなぜかというと、他人を理解しようとするよりも、自分が周囲からどう思われるかで頭がいっぱいだからです。

たいていの人は、「この人はこういう性格だから、このように対応すればうまく伝わる。うまくつきあえる」と、相手の反応を観察しながら自分の言動を調整します。しかし**孤独を恐れる人は、自分が嫌われないことが優先で、人物プロファイリングをする余裕がありません。**

彼らは人の性格パターンの蓄積が少なく、ざっくりとした区別しか持っていないため、それに無理やり当てはめて人を理解しようとします。

とはいえ、人はいろいろな側面を持っていますから、それはどうしても極端な振り分けになります。だから**他人をやたらと決めつける傾向が強くなってしまう**のです。

すると、「この人と自分とは、この点は違うけれども、ここは共通している」などという多面的な理解ができず、単純に好きか嫌いかという軸でしか人を判断できなくなります。

しかし自分にとって完璧な人はおらず、誰でも時として自分が気に入らない言動をとる場面はあるもの。にもかかわらず**好き嫌いだけで人を見ると、人を切り捨てていくだけとなり、世界はどんどん狭くなります。**

もちろん、人を切っていく一方で、新たに人間関係をつくっていけば狭まることはないのですが、新しい人と信頼関係を築くのは時間も手間もかかります。だから切り捨てるスピードには追いつけず、やがて本音でつきあえる人がいなくなる、というわけです。

◉自分の行動を振り返り、相手の心理を想像する

「人とうまくいかない」と感じている人は、日々自分の振る舞いを振り返り、「なぜあの人はああ言ったんだろう」「なぜあの人はそうしたんだろう」と、自分の言動がどのような伝わり方をしたのか、その理由は何なのか、相手のどういう価値観がそのような反応を生んだのかを想像しようとすることです。

それを続ければ、「だからそう言ったんだね」「だからそう行動したんだね」と理由がわかってきます。

そして、そうした**人格パターンや行動パターンの蓄積がデータベースとなり、少しの接触で「ああ、この人はこういう人かもしれないな」と相手のことを理解できるようになります。**

そうやって人間の感情や行動の理由がわかるようになれば、人との接し方もわかり、人間関係の不安も軽減されます。

ただし前述のとおり「この人はこういう人」という決めつけが強すぎると、逆に相手への理解を妨げてしまいかねません。

本当は良いところもあるのに「あの人にはありえない」とそれが見えなくなる。本当は腹黒いところもあるのに「あの人に限って大丈夫」と盲目的になる。

恋愛ではよくあることですし、犯罪のニュースで犯人を知る近隣住民が「そんなことをするような人には見えなかったのにねえ」という典型的なコメントが聞かれるのも、そういう理由があるのかもしれません。

だから重要なのは、初期のプロファイルに固執するのではなく、新しい状況に遭遇したら、自分の中のプロファイルを適宜更新していくことです。

12 「他人のペースに合わせる」のをやめる

やめられない人　他人に迎合し、振り回されてしまう。

やめられた人　他人に振り回されずに、「マイペース」で行動できる。

◉「マイペース」は本当に悪いことなのか?

孤独力の高い人は「マイペース」です。

「マイペース」という言葉を聞くと、どちらかというと悪い意味に聞こえるかもしれません。他人のことを顧みない自己中心的な態度を想像させるからでしょう。

しかし現代日本のような、世間の同調圧力が強く、他人と比較し比較され、常識と異なることをすればネットで集団リンチ（炎上）に遭うような監視社会で自分らしく生きるには、「マイペース力」がきわめて重要な能力になると私は考えています。

ここでいう**マイペース力とは、自分勝手という意味ではなく、他人に乱されず自分の生き方を尊重する力**のことです。

たとえば会社で、同期や後輩が先に昇進すれば嫉妬する。

周りがキャリア女子の独身女性ばかりなら、自分も安心してキャリアを優先する。

しかし周りが結婚し始めれば、自分も遅れないよう焦って婚活をする。

周りから、結婚はまだか、子どもはまだかと急かされ、それに従う。そうでなければ、窮屈でバツの悪い思いをする。

あるいは大学には行かなきゃ、子どもは大学までは行かせなきゃと、誰からも言われていないのに気にする。

このように、他人や社会から強いられたり比較されたり、自分で勝手に比較して、**本当は自分が望んでもいないのに、その圧力に惑わされ、本来は不要であるはずの不安や焦り、努力に巻き込まれる。**

多少はやむをえないことではありますが、孤独を恐れて群れようとすればするほど周囲の価値観に迎合し、勝手に窮屈な思いをすることになります。

「居心地が悪い」というのは、本当は誰も自分をぞんざいに扱っているわけではないのに、自分が勝手につくり出した感情です。**「肩身が狭い」というのも、自分が勝手にそう思っているだけ。**そんな感情をつくり出すのも、周囲の常識や道徳観に振り回されているからです。

このような状態は、他人の価値観を強いられているだけで、自分の人生を生きていないと思えないでしょうか。そんな生き方は、人生を失うことに等しいと感じます。

しかしマイペース力を獲得すれば、他人がどうであれ気にすることなく、自分は自分の生き方があると自信を持って進むことができます。

周りが走り出しても、自分はゆっくり歩く。周りが立ち止まっても、自分は進む。

周りが右に曲がっても、自分は左を向く。

自分の成長や生き方は他人に刺激を受けるけれども、他人に乱されるわけではない。**世間の言う成功と、自分が考える成功は違う。誰かが求める幸せと、自分が感じる幸せは異なる。だから周りの人は関係なく、自分はこれがいいと思う。**と、自分の価値基準を信頼する力であり、その基準にもとづいて行動する勇気です。

◉マイペースは長所である

私自身も「超絶マイペース」だと言われることがあります。

お金があれば新車を買ったり都心の高級マンションに住んだりするのは当たり前だと思われていますが、私が乗っているのは中古の軽自動車ですし、郊外に家を建てています。

仕事用のカバンはもう10年近く使っていてボロボロで、服も穴があくまで着ます。散髪は美容院ではなく近所の１０００円カット。

子どもには十分な愛情を注いでいるつもりですが、身の回りの世話はかなりいいかげんで、保育園からもよく怒られています。

子育てについても「こうしたほうがいい」「それはやめたほうがいい」などと周りからいろいろ言われますが、他人の助言はほとんどスルー。

儲かりそうな仕事があっても、気分が乗らなければやらない。顧客からの問い合わせも、直接会うのが面倒なときはすべてメールで完結。それがイヤならほかへどうぞという上から目線。

来るものは拒まず、望ましくないものは無視。そして去る者も追わない。誰の言うことも聞かないし、何かを決めるときにも誰にも相談しない。**仮にそれで裸の王様になったとして何が悪いのか。実際には何も困らない。裸の王様サイコー！**

というと、かなり性格が悪い問題人間のように感じるかもしれませんが、もちろん周囲に悪態をついているわけではなく、人に対しては基本的には丁寧に接していますから、自分のほうからトラブルの原因をつくることはありません。

自分のあらゆる判断、あらゆる行動に合理的な根拠を持ちそれに従っているので、仮にそれで離れていく人がいたとしても、まったく気にならないということです。

こうして、日々の満足度というか、**ＱＯＬ（クオリティ・オブ・ライフ、人生の質）は格段に上がりました。**

そういう自身の経験からも、「マイペース」という性格は実は長所だと感じています。それができるのも、私は「ひとりでも大丈夫」と自分を強く信じているからだと思っています。

自分のことは自分でやるという自己責任意識、自分のケツは自分でふくという覚悟があればすべて自己完結でき、周囲のことは気にしないで好きなように行動できる。

他人と比較せずに自分の成長を実感できるし、他人の押しつけは雑音としてスルーできる。だから自分がやるべきことにフォーカスできる。だから満足度の高い生き方につながっているのです。

また、私は**大人こそ、目標や夢といった自分の道を中心に生きたほうがいい**と思っていて、そのためには**孤独のウェイトが高いほうがちょうどいい**と感じています。

誰かと一緒にいると、それだけ自分の時間が奪われます。それは、自己実現に向けて努力をする時間が、その分だけ減るということ。

自分の持ち時間は限られているのだから、**与えられた時間は徹底的に自分を上質にしてくれることに使いたい**ものです。

13 「無理して職場にとどまる」のをやめる

やめられない人 本来の自分を出せず、居心地が悪い。

やめられた人 対人関係を把握し、適切な職場を見つけられる。

どのグループに所属してもなぜか孤独を感じるという人は、繰り返しになりますが、本当の自分を出さず、周りに合わせて自分を抑えているからです。あるいは、自分の性格や考え方の傾向と乖離《かいり》があるグループに、無理して所属しているからです。

そしてそれは、職業や会社の選択でも当てはまります。

しかし、いまの職場でいきなり本当の自分を出せる人はそう多くないと思います。自分の職場でのキャラクターが本当の自分とは違う形で固定化してしまうと、なかなか抜け出せないものです。また、価値観の違う人たちばかりで苦手とはいっても、職場の人間関係は自分では変えられません。


そんなときは、やはり**転職してオールリセットする**ことです。

たとえば内気だった子どもが転校し、新しい学校ではいままでの自分の殻を壊して明るく振る舞えるようになったという話があるように、知り合いがまったくいない環境に飛び込むことで、本当の自分のキャラで人間関係を再スタートできます。

特に人間関係の苦痛は人生の苦痛に匹敵するストレスですから、本当につらければ、転職してでも抜け出す価値があります。

だからなのか、**転職理由のトップはいつの時代も「職場の人間関係」**です。

◉自分の性格を把握して職業を選択する

ただし安易な転職は、どこに行ってもまた同じことを繰り返すジョブホッパーに陥る危険性をはらんでいます。

そこで、いままでの自分のどういう振る舞いや価値観が、いまの居心地の悪い環境につながっているのかを振り返ったり、**自分の性格と苦手な人間関係、望ましい人間関係について、自分自身でよく分析し把握しておく**ことです。

それは「会社や上司、周囲が○○してくれなかったから」などという依存にもとづいたものではなく、「自分はどういう仕事、どういう働き方、どういう価値観の人たちと仕事をするのが望ましいと感じるか。そのためには、自分をどういうあり方・環境に持っていく必要があるか」という、もっと積極的な発想です。

周りが変わるのを待つのではなく、自分自身で意思決定し、自ら動いていくこと。自分が快適だと思える人間関係のあり方をよく知ったうえで転職活動をすることです。

孤独力の高い人は、自分の対人関係の傾向をよく把握しています。その能力は、**自分の性格にマッチした職業選択**につながり、それは結局、満足度の高い人生になりやすいと言えます。

たとえば、社交性の低い人が接客の多い職業に就くと、かなりしんどいのではないでしょうか。笑顔をつくるのが苦手なのに愛想を振りまこうとすることは、大変なストレスです。気配りが苦手なのにサービス精神が求められる仕事をしても、成果を出すには相当な努力が必要です。

だから極端な話、**人と関わるのが苦手な人なら、あまり人と関わらない仕事**、たとえばパソコンだけで受注や納品ができるデザイナーやライターといった仕事を選ぶことです。人と接するのは苦手でも、メールなら大丈夫という人は多いでしょう。

あるいは**協調性がないなら、協調性があまりなくても成立するような仕事**を選べばいい。たとえば学者や研究者、工場や倉庫で働く人、ドライバーといった職業も、他の職業よりは協調性が重視されるウェイトが低いでしょう。

自分に社会性がないなら、起業という道もあります。自分がトップであれば、自分の信念に従って何でもできるし、ある程度はそれが許されるからです。もちろん自分勝手に振る舞いすぎると人が離れていくことになりますが、それは調整型の人間がやればいいわけで、そういうのが得意な人を参謀として雇えばいいのです。

就職しなきゃ、職場の人と仲良くしなきゃと思うから、面倒な人間関係を思い浮かべて動けなくなるわけです。

しかし、いまや自宅に引きこもっているネット起業家や個人投資家は山ほどいますし、作家や芸術家なんて、引きこもらないとできない仕事とも言えます。

私がウェブのデザインやチラシなど販促物の印刷をお願いしている業者は、実は一度も会ったことがなく、もう10年近くもメールだけで取引しています。そういう働き方ができる時代なのです。

◉多重人格で生きる

転職や起業が無理という人は、マルチアイデンティティを持てる場をつくることです。それは、所属する社会をひとつではなく、複数持つことです。

私たちは、ひとつの人格で生きているわけではなく、複数の人格を内在させ、場に応じて人格を使い分けながら生きています。

たとえば会社では鬼上司でも、家庭では恐妻家で子煩悩だとか。学生でも、普段はぼーっとしているのに、実は将棋がプロ級で、将棋盤を前にすると豹変するとか。

自分の世界が家庭と職場だけで、もしそこが本当の自分を出せる場所でなければ、やがてしんどくなります。

しかし趣味のサークルや子どもの学校関係のグループなど、多様な自分を表現できる場があれば、ある場所では自分を表現できなくても、別の場所で自分を出すことができ、「自分は自分でいいんだ」と確認できる場面が増えてバランスがとれます。

私も複数のアイデンティティを持っています。家庭はもちろん、仕事関係の場もある。起業家の集まりでの振る舞いと、子ども関係の集まりでの振る舞いは違います。また、書き手としての場もあり、さらにその中でも複数のメディアを使って、**どれも本当の自分なんだけれども、それぞれのメディアで違うキャラクターを発揮**しています。

たとえば書籍で、上から目線の自分を表現する本もあれば、読者に寄り添う自分を表現する本もある。コラムでも、ぶっちゃけ毒舌な自分で書くコラムと学者的な書き方をするコラムもある。どれも自分の人格ですが、自分の中に持つ複数の性格をメディアごとに使い分けています。

そうやって多層的、多重的に自分のアイデンティティを確認できる場があると、「こんな自分もいたんだな」と気づいたり、「こんな自分でもいいんだ」と実感できるのです。

◉自分を表現する場を持つ

ほかにも、ネットでは毒舌でも実際にはとても腰が低かったり、テレビでは明るいのに実際は暗かったり、書籍では強気なのに実際は弱腰だったりという人が少なくないのは、そうやって奥底にある自分の複数のキャラを出すことで、本人の中でバランスをとっているのだと思います。

これはやったことのある人でないとわからない感覚かもしれないので、本当の自分を出せずに窮屈さを感じているという人は、**お稽古事など新しい人間関係の場に飛び込んでみる**ことです。

あるいはもっと簡単にできる方法は、ブログやSNSなど他人に見てもらえるメディアで自分を表現することです。

本名ではできないなら、**架空のキャラクターを設定し、そのキャラに乗せて表現し**てみましょう。自分の言いたいことを言えると、自分をさらけ出して自由になる感覚を得ることができます。

第3章

価値観

14

「周囲の意見に配慮する」のをやめる

やめられない人

自己実現ができない。

やめられた人

自分の本心に従って生きていける。

◉自己実現とは自分らしく生きること

「自己実現」という言葉をよく耳にしますが、何もバリバリ活躍することだけを指すわけではありません。**自分の本心に従って生きていくこと、それが許される環境・世界をつくることもまた、自己実現のひとつ**です。

孤独をたのしめる人は本音ベースで生きています。ありのままの自分でいいと思っているから、ウソ偽りもなく、無理して周囲に迎合することなく、つねに自然体でいられます。それは、自分らしく生きるということそのものであり、「自己」をそのまま実社会で「実現」していることにほかなりません。

ことさら華やかな活躍でなくても、素の自分を堂々と出して生きられることは、自分への自信、自分の人生への信頼感と、将来に対する明るい希望を持つことができる、「幸せ」な生き方と言えるでしょう。

しかし孤独を恐れる人は、この意味における自己実現ができません。ひとりにならないよう、自分を抑えて周囲に合わせて生きているからです。集団からあぶれないよう、自分の思いよりも周りの意見・価値観に配慮して行動するからです。

見た目は華やかで活躍しているような人でも、仲間にちやほやされたいあまり、つねに神経をすり減らしながら気配りをしている人も少なくありません。

これは著名人にもよく見られるのですが、**いつもSNSの「いいね！」の数を気にし、「インスタ映え（インスタグラムでの見られ方）」を意識し、他人からの評価のために行動している人は、本当の意味で自己実現はしていない**と言えます。

ではどうすれば、この「心の自己実現」ができるのでしょうか。

◉人生の優先順位を明確にする

その方法のひとつは、「自分にとって本当に大切なことと、そうでないこと」を分別することです。

それは思い込みや社会の常識、他人からの評価ではなく、自分なりの明確な判断基準を持つこと。仮にそれが好き嫌いにもとづくものであっても、その好き嫌いを分かつ自分の価値観を探ってみるのです。

そして、本当に大切なことを最優先し、そうでないことは後回しするか、力を抜くか、そもそも関わらないという判断をする。

そういう**「人生の優先順位」を明確にしていけば、大事でないものはあっさりと捨てられる胆力がつくし、もっと大事なことが発生すれば、いまやっていることはスパッと諦めて、そちらに飛び移ることもできる。**

すると、その場しのぎでズルズル時間が過ぎるということがなくなる。自分を貫くことで孤独になるかもしれないという恐怖感もなくなります。

◉自分が大切にしている「価値観」を意識する

私の場合、つねに合理的でありたいと考えています。自分の判断基準、行動指針の原点も「合理的か否か」です。時間・労力・コストのバランスから、最小のインプットで最大の効果効用を得たい。無駄を避け、自分の行動からはつねに何らかのメリットがもたらされるようにしたい。

そういう欲求が強いので、「合理的かどうか」をもとに行動すれば、自分の満足感・幸福感に直結することがわかっているからです。

だから合理的であればどんな意見も取り入れるし、そうでなければスルーします。

どんなに収入が増えても、たとえば都心の高級マンションに住みたいとか、かっこいい服を着たい、かっこいい車に乗りたいといった欲求もありません。

引っ越しした経験が10回以上あるため、どこに住んでもすぐ慣れるし、高級物件の感動も最初だけだと知っているからです。それこそ高層タワーマンションからの眺めなんて、うれしいのは最初だけで、あとは毎日の見慣れた光景になります。

何より**自宅は収益を生まないから、そこそこ便利な場所でそこそこ快適であれば十分。**豪華なエントランスやほとんど使わない共用設備にお金を払うのはバカバカしい。

買い物でも、「安いから」「かわいいから（かっこいいから）」「限定だから」「バーゲンだから」「新商品だから」「そろそろ買い替えの時期だから」「欲しいから」などという感情で何かを買うこともありません。

同時に、**合理性が認められれば、簡単に自分の意見を修正**します。

最近も、第二子が生まれ家族が増えることで、ちょっとした外出用に車を買おうということになりました。

ただ、私が30代前半のころは車の改造に夢中になっていて、スポーツカーの改造に

300万円以上かけるなど、それなりに車にはくわしいという自負がありました。なので、「どうせ買うならこれこれこういうスペックで」というこだわりがありました。

そして新車ディーラーに行ってそのこだわりを反映させた見積もりをとったら、軽自動車ではありますが約180万円という金額。ほぼフル装備なので、そんなものだと思っていました。

しかしそのとき妻から提案が。「中古車でもいいんじゃない？」

そこで私はハタと我に返りました。たしかに冷静に自分の生活スタイルを振り返ってみると、自宅は駅から近いし、仕事は都内に電車で行くし、買い物はほぼネット通販。

車を使うのは、子どもの保育園への送り迎えと、日々の生鮮食料品などを買うためスーパーへ行くくらい。毎日使うけれども、走行距離にして1日10キロに満たない。たまに家族で外食やレジャーに行く程度。

その程度しか乗らないので、高機能な新車はたしかに満足度は高いけれども、ただ持て余すだけ……。

そこで中古車検索サイトを調べたら、近所の中古車販売店で軽ハイトワゴンが19・5万円で出ていた。8年落ちで走行距離約14万kmと、かなり走っているから安い。さらに検索したら、タクシーなどは20万km、30万kmは当たり前の世界で、特に日本車はオイル交換などきちんとメンテナンスしていれば、14万km程度はまったく問題ないとのことでした。

「4年後とか5年後とか、第3子ができて車じゃないと移動が大変とか、動物園や博物館など車がないと不便なレジャー施設などに行くようになってから、新車のワンボックスカーなどに買い替えればいい」

という妻の意見も非常に合理的。何より、今回で浮いたこの150万円を別のことに使える。と話していたら次の瞬間、妻から驚愕のひと言。

「それでピアジェの腕時計買って」

◉本当に自分の幸福に寄与する判断基準は何か

オチはともかく、**合理性が高ければどんなこだわりも即座に捨て去ることができるのは、私のひとつの長所**だと思っています。

価値観

そんな自分が大切にしている価値観を見出すためには、内省の作業が欠かせません。自分の行動を振り返り、その背景にある理由を考えてみる。その作業を繰り返していると、自分の思考や行動のパターンが見えてきます。

その判断や行動の根拠に、自分の価値観があるわけですが、もうひとりの冷静な自分を発動し、その**価値観は自分の幸福に寄与するものかどうか、論理的に検証**するのです。

それが心から納得できるものに調整していけば、確固たる自分の判断基準、行動指針ができあがります。そうすれば、自分の人生にとって大切なこととそうでないことを分別できるようになります。

15

「常識を大切にする」のをやめる

やめられない人

他人の価値観で振り回され続ける。

やめられた人

自分の考えに自信を持てるようになる。

◉他人から影響されるのは、「自分の声」をないがしろにしているから

孤独を恐れる人は、他人に影響されやすい側面を持っています。周囲からはずれないよう配慮するあまり、「自分の声」よりも「他人の声」を重視しているからです。

他人からの評価を優先させれば、他人が「良い」というものを「そうか、良いのか」ととらえ、他人が「悪い」というものを「そうか、悪いのか」と受け入れてしまうことになります。

それは**自分で選択しているようでいて、実は無意識のうちに周囲に選択させられているわけで、自分ではなく他人の人生を生きているのと同じこと**です。

ではなぜ他人に影響されてしまうのかと言うと、自分の考えに自信を持てないからです。**自分の考えに自信が持てないということは、自分の本音を信用していないということ**。それは、自分というものをないがしろにしているということです。

自分は本当はこう思っている、本当はこうしたい、という本心があるのに、それを受け入れず、抑えようとしたり否定したりすれば、いつまで経ってもやりたいことはできないでしょう。

そんな人が影響される「他人の価値観」とは、社会の常識や道徳感、倫理観などがあげられます。

◉「縁起」をかつぐことに意味はあるのか？

そのひとつの典型例が「縁起」です。

たとえば仏滅の日に結婚式を挙げるのは「縁起が悪い」という理由で避ける人は少なくないと思います。それは「縁起をかつぐのは良いことだ」という考えがあるからです。あるいは親や親戚から「縁起が悪い」と言われて抵抗できないからかもしれません。

しかし、その**縁起というものの正体はいったい何か。そして、その縁起をかつぐことで、いったいどんないいことがある**のか。

安心？　安心が得られる理由は、仏滅や大安を定める「六曜《りくよう》」を信じているからですが、ではそれを信じる根拠とは何か？　六曜はもともと中国由来の慣習ですが、本家の中国では意味がないものとしてとうに廃れています。つまり信じるに足る根拠などすでに存在しないわけです。

反対に、縁起が悪いとされることをすると、いったいどういう損害を被るのか？

仏滅に結婚式を挙げると不幸になるとか？　離婚することになるとか？　その見えないマイナスのパワーはいったいどこからどうやってもたらされるものか？　そのように掘り下げていけば、単なるオカルト話に過ぎないことがわかるでしょう。

◉仏滅に結婚式を挙げても何も困ることは起きない

私自身、仏滅に結婚式を挙げましたが、仏滅だからということで割引を受けられました。

また、挙式当日も私たち1組しかいなかったため会場をゆったり独占でき、2時間半の予定が3時間半と1時間もオーバーしたにもかかわらず、制限もなく延長料金もなく、滞りなく終えることができました。もしこれが大安だったら後ろに別の組がつかえて無理だったかもしれません。

私の例はともかく、多くの人がこだわっている**「縁起」を紐解いていくと、実は根拠のない思い込みだとわかります。**「縁起でもない」という言葉も、直面する現実から目をそむける逃避的な発想であることもわかります。

たとえば親に相続の話をすると「まだ元気なのに縁起でもない」という人がいます。

しかし親が健在なうちに遺言などの相続対策を考えておかなければ、それこそ親が認知症になったり本当に死んでしまったりしてからでは、むしろ家族がもめる原因にもなりかねません。

「不謹慎」という言葉も、実は誰も何も具体的に困ることはないのに、それを言う人にとって気分が悪いだけです。

つまり多くの人が、無意識のうちに縛られているだけ。それがわかれば、自らを解放することもできるでしょう。

このような目に見えない常識という圧力や、意味のない道徳心、邪魔な固定観念はまだまだたくさんあります。

◉政治家が清廉潔白であることは、本当に大事か？

たとえばこの原稿を書いている時点で、政治家同士の不倫疑惑があり、「議員としての資質を疑う」などという意見が飛び交っています。それも多くの人に「政治家は清廉潔白であるべし」という価値観があるからでしょう。

しかし私はまったく気になりません。

政治家がプライベートでどんな恋愛をしようと、自分を含めて国民や市民の幸福に寄与することはありません。つまり**政治家には政治能力を問えばいい**と考えているからです。

清廉潔白で粛々と任期を終える人と、不倫や浮気し放題でも、たとえば減税や景気拡大につながる法案を通し、国民の収入が増えて支出が減り、国民の生活をより豊かにした人とでは、どちらが好ましいか。

私にとっては後者です。清廉潔白で政治能力も高い人が望ましいという意見もあるかもしれませんが、清廉潔白で道徳心にあふれるような人が、抵抗勢力をはねのけ官僚を説き伏せ革新的な政策を実現させることは難しいでしょう。

◉政治力よりゴシップを重視する国民性

世界中の優れた政治家はたいてい黒歴史のオンパレードです。そのくらい常識はずれで肝が据わっているから、大宰相としての名声を得たのだと考えることもできます。

そもそも政治能力よりもプライベートなゴシップを重視し辞任に追い込むとしたら、何のための選挙か、何のための公約かわからないでしょう。仮にそれが犯罪レベルのスキャンダルならば、警察や司法に任せればよいだけの話です。

政治家が道徳的であるかどうかと、私たちの幸せにはなんら関係ない、ということがわかれば、そのくらいのことでいちいち騒ぐのはバカバカしくなります。

マスコミもマスコミで、もっと報道する価値の高いニュースはたくさんあるはずです。報道の自由とか国民には知る権利があるなどと言いますが、**国民の下世話な好奇心にまでいちいち応える必要が本当にあるのか**。

不倫報道に時間をとられて、本来報道されるべきニュースが隠れてしまうとしたら、それこそ罪深いと言えるのではないでしょうか（もっとも、それでは視聴率や販売部数が上がらないというマスコミ側の悩ましさがあるわけですが）。

◉「べき論」を鵜呑みにしない

世間の多くの人が信じる社会の常識や道徳的な「べき論」は、本当にそうなのかと冷静に検討することです。

その「べき」を守ることで、あるいは守らないことで具体的にどんなメリット、デメリットがあるのかを冷静に考えてみると、実は実体や根拠があいまいで、本質からずれていることも少なくありません。

価値観

そもそも常識とは、その他大勢の考え方や行動様式に過ぎないわけで、常識に従って自分を周囲に合わせて生きるということは、その他大勢の人生を歩むことを意味します。

孤独を恐れて自分の本音や感性を無視したり否定したり押さえつけたり、本当の自分と違うことをしていれば無理も来るでしょう。

それに、**世間の常識、世間的な道徳心に従って生きていれば、波風が立たなくて暮らせる一方、何の独創性もない**ということになります。

もちろん完全に社会の常識や良識、倫理観や道徳心を捨てろということではありません。また、他人の意見を参考にすることも必要なことです。

それでも最後は自分の感性に従って判断することです。その感性を取り戻すことも内省によって得られる効能のひとつです。

16 「世間的な基準を気にする」のをやめる

やめられない人

「がんばっているのに」と不満が出る。

やめられた人

「自分の理想どおり」に生きられる。

◉水平に生きるのではなく、垂直に生きてみる

孤独を恐れて人とのつながりばかり意識し、つねに横ばかり向いていると、世間的な基準が過剰に気になってしまいます。

たとえば、平均貯蓄額の統計や、職種別収入ランキングなどといったテレビや雑誌の特集が気になるのも、横ばかり向いているからです。

すると、自分らしいお金の使い方やキャリアの構築につながらず、他人と比較しては「こんなにがんばっているのに報われない」という不満が出やすくなる。

それよりも、**自分の過去から現在、そして未来に視線を向け、自分を垂直に見据えて人生の選択を考えていく**ことです。

そういった自分の歴史的な積み重ね、つまり生き方の芯がしっかり通っていれば、周辺に映る景色も出来事も、これはスルーしよう、これは大事にしよう、という判断が、自分を軸に展開できます。

自分の思いを大事にすれば、走りながらでも必要な人とそうでない人を峻別《しゅんべつ》し、不要な人物を避けることができます。

歴史という縦軸と社会という横軸の交差点に個人がいるわけですが、横軸だけを見ていると、周囲の動きや環境変化が気になり、本当の自分を見失い、「このままでいいんだろうか？」という迷いや焦りになりかねません。

◉「理想の生き方」は自分の中からしか出てこない

自分らしさを失えば、価値の評価を社会の基準に委ね、マイホームが夢とか、お金があったら車を買うとか、世間的な基準での「これが幸せだ」なんていうものに惑わされる。誰かが定義したライフスタイルを押しつけられる。

「自分はどこへ行くべきか」は自分の中からしか出てこないのですから、**自分の縦軸（歴史）を大事にしていく**ことです。

自分の過去も現在も、すべてを受け入れて、そこをベースに未来の自分を創っていく。これまでの自分はＯＫ。いまの自分もＯＫ。でも理想の生き方があるから、これからはこうしていこうと。

そんな「どこへ行くべきか」とは「夢」に近いと言えます。もちろん、その**夢がすべてかなうとは限らないけど、近づくことはできます**。自分の本音に素直になって導いた夢であれば、それに1歩でも2歩でも、近づけば近づくだけ幸福度が高まります。

◉もし行き詰ったら「自分の原点」を振り返る

それでも「本当にこれでいいんだろうか」と自分の進む道に迷ったり行き詰ったりしたら、**改めて自分の原点を振り返ってみましょう。**

たとえば「この会社に入ろう」と決めた理由はなんだったか。この配偶者を選んだのはなぜだったか。

誰かに決められたわけではなく、強制されたわけではなく、自分の意志で選択してきた、その選択のよりどころとなったルーツがあるはずです。

私の場合、投資やマネーに関する情報発信をしているのは、学生時代の貧乏経験にあるのではないかと思っています。貧乏は不便だし不安だから、それを払しょくするために資産運用に取り組んできた。

また、自分に自信を持ち、失敗を恐れず挑戦できるのは、会社を2つ潰して乗り越えてきた経験ではないか。

そうやって、自分の方向性や生き方を決めてきた過去を振り返ることで、**自分の思**

考パターンのクセを客観的に観察することができます。

それがわかれば、「ああ、自分はそうだったよなあ」と、現在につながる過去の自分を肯定的に受け止められるようになります。

◉昔のアルバムを眺めてみよう

「ちょっとイメージがわかない」という場合は、自分のアルバムや卒業文集、日記やSNSの昔の投稿、あるいは過去の職務経歴書やエントリーシートを保管していれば、それらも見てみましょう。


小学生のころ、中学生のころ、高校生、大学生、就職したばかりのころなど、自分がどういう思いを持っていたか、どういう夢を持っていたか、どういう悩みをもっていたかを振り返るのです。

そうやって**自分の原点をたどる。原因と結果を振り返る。**あそこでこういう選択をしたからこうなったんだなあと思いを馳せる。

過去の自分の営みを、いまの自分の観点から改めて観察すると、当時はなんて幼稚で稚拙な考え方をしていたのか、ああすればよかったなあと、ほほえましくもいまの自分は成熟してきたなと、成長実感を感じられます。

その実感は、ひとり内省するのは豊かな時間であると、強く認識できる感覚すらもたらしてくれるはずです。

17 「他人からの評価を気にする」のをやめる

やめられない人

他人の評価でしか、自分の価値を確認できない。

やめられた人

出す価値を高めて存在感を示す。

◉他人に評価は期待しなくていい

孤独を恐れる人は、他人からの評価を過剰に気にする傾向があります。「周りからこう思われたらどうしよう」など、自分が小者扱いされることを極端に恐れます。彼らは自分の価値観や判断軸に自信を持つことができず、他人からの評価でしか自分の価値を認識できない。他人の目を通してしか、自分の存在を確認できない。その過剰な承認欲求は自己肯定感の低さに起因します。自分では自分を認められないから、他人に認めてもらうことでその承認欲求を満たそうとするわけです。

しかし孤独をたのしめる人は、他人からどう思われるかをそこまでは気にしません。ひとりでも大丈夫と思えるのは、自分を信頼し、自分の価値を自分で認めることができるからです。

だから他人からの評価を過剰に期待しません。**孤独を恐れない人とは、自分なりの評価基準を持ち、それに自信を持っている人です。そしてこれは、適切な自己肯定感を育くむことができている**ことを意味します。

◉人生は「椅子取りゲーム」ではないから比べる必要はない

そもそも自分とは、他人のために生まれてきた存在ではありません。人生は椅子取りゲームではありませんから、**他人と比較したり競ったりしても、そこに幸福があるとは限りません。**

むしろ、みんなが限られた椅子を巡って目を血眼にしてぐるぐる回っているとき、自分はその輪から離れてひとり静かに過ごすほうが、心が満たされるという人もいるでしょう。

それは社会からドロップアウトすることや、脱落して隠居することでも、行き過ぎたミニマリストを目指すことでもありません。

他人には他人の幸せのかたちがあり、自分には自分の幸せのかたちがあるという違いを認めているということです。

他人が言う成功を追いかけさせられ、社会が求める生き方を強いられ、つねに他人と比較し一喜一憂するのは疲れるだけ。

だから、他人を意識した生き方ではなく、どういう自分になることが幸福なのか、つまり自分自身を評価する指標を持つことが大切です。

◉「自分を評価する基準」を更新していく

自分が持つ軸で世界をとらえ、目先のトラブルや小さな利益に右往左往することなく、つねに自分の立ち位置を見失わず、理想とする人生哲学にもとづいた発想、そして行動をするには、**ひとりひとりのペースで、それぞれの成長過程において一定の心の成熟を果たしていく必要があります。**

それは、自分を評価する基準を絶えず見直し書き換えていくことであり、いわゆる「社会性」とは隔離されたところで行う内的作業です。

修行僧が「俗世」というように、俗世的な評価基準をいったん白紙に戻し、自分がひとりになったときでも拠って立てる根拠は何かを自らに問うのです。

「器のレベルが違う」と言われるように、**精神の成長度合いは人間としての性能を決定づけます。**それが発言や行動に現れ、「差」になっていくからです。

そしてこれは、年齢や学歴などとは関係ありません。精神が未熟で幼稚な大人はたくさんいますし、若くても成熟した人はたくさんいます。

◉自信は「成功体験」の積み重ねから生まれる

そこでそういう境地に達するひとつの方法は原始的ではありますが、自分が出すべき価値を特定し、成功体験を積み、そこから自信を得ていくことです。

「努力して到達した」という経験は、「自分のやり方でもできるんだ」という自己信頼につながり、「他人はどうであれ、自分はこれでいいと思う」という根拠になります。

自分で自分を認めることができると、他人のことも認めることができるようになります。すると、**「嫌い」「イラっとくる」という感覚がなくなり、「そういう人もいるのね」くらいで、他人を否定したり拒絶したりする感情も薄くなります。**

それは心の安定と余裕をもたらし、ちょっとした出来事に動じることもなく、日々平穏に暮らせる基盤となります。

私自身も自分に自信が持てたのは、資産運用や会社経営を通じ、「こうすればうまくいく」という成功体験を重ねてきたことが大きいと思っています。

「自分はこうやって稼げるから、他人にどう思われても関係ない。自分で稼ぐことができれば、他人の目を気にする必要はない」という自信となり、それが孤独を恐れず本音で生きられる強さにつながっています。それは同時に「どこにも所属しなくても大丈夫」「誰の支配も受けず生きたい」という独立心にもなっています。

第4章

行動

18 「夢・目標がない」をやめる

やめられない人

不完全燃焼で、孤独を感じる。

やめられた人

目標の実現に向けて集中し、孤独を感じない。

◉「自分の夢や目標」とつながる

「つながり感覚」は、単純にそばに人がいるとか、家族がいるとか、目に見える誰かとのつながりだけを指すわけではなく、自分の心とのつながりもあります。具体的には、自分の夢や目標とのつながりです。

たとえば、合格を目指して受験勉強に打ち込んでいる人、大会での勝利を目指して練習に励むスポーツ選手などは、ひとりで勉強や練習をしていても、孤独を感じることはありません。

あるいは自分の仕事に集中しているときも、「自分は孤独だ」なんて感じないでしょう。**いまという時間とつながっている状態が、集中しているということ**です。

そうやって自分自身につながっていれば、図書館でひとり勉強していても、河原の土手をひとり走っていても、カフェでひとり企画書を書いていても、「寂しい人と思われたらどうしよう」などという雑念が入り込む余地はありません。

◉好きなことに没頭すれば孤独は感じなくなる

「孤独だ」などと嘆いている人は、不完全燃焼感から来る自分へのふがいなさを寂しさとしてとらえ、それを他人とつながることで紛らわそうとしている可能性があります。

だから**孤独で寂しいと感じている人は、夢中で打ち込めるものを見つけること**です。

好きなことには、意識しなくてもより効果的な方法をどんどん取り入れていくものです。そんな試行錯誤、つまり「なぜうまくいかないんだろう」「次はこうすればいいんじゃないか」と考える作業は内省そのものであり、孤独力の獲得につながります。

そして上達していけば、その過程で得られる成長実感や達成感が自信につながります。そうした感覚は、「自分は大丈夫」「なんとかなる」という強さとなり、ひとりでいることを寂しいとは思わなくなります。

◉いろいろ挑戦して試行錯誤する

だから自分は何が好きで何が得意か、何を捨てて何に打ち込むべきかを見極める。いまは特になくても、いろいろ挑戦してみて、自分の得意不得意の分野や領域が見える域まで試行錯誤することです。

もしやってみて興味が持てない、情熱を注げないということに気づいたら、すっぱりやめて次に行けばいい。苦手なもの、苦痛を感じるものからは足を洗う決断をして、自分が幸福を感じるものに絞り込んでいく。

仕事にしろ、スポーツや趣味にしろ、そうやって未来に向けて没頭できるテーマを持つ。

上を目指して努力すれば、必ず壁にぶつかります。その壁は他人がどうこうよりも、自分の心そのものです。

努力は他人に代わってもらえない。自分がやるしかない。だから他人には依存も期待もせず、自分の心との対話を通じて克服する力を獲得するのです。

だからなのか、**どの分野でも「一流」と呼ばれる域に達した人は、自己内省力が高い**と言われています。

彼ら一流人材の発言には重みがあり、数々の名言が生み出されることが多いのも、このことによるのかもしれません。

◉イメージトレーニングも内省作業のひとつ

実際、スポーツは孤独による内省力を高める最高の訓練のひとつでもあります。

スポーツの世界では、ほかの選手やグループと一緒に練習するよりも、**ひとりで練習する時間が多いほどスキルの上達が速いそう**です。実際、エキスパートの多くは、人の見ていないところでひとりで努力する傾向があるといいます。

たとえば元プロ野球投手の工藤公康氏は、48歳で引退するまでに最優秀防御率4回、最多奪三振2回、ベストナイン3回など数々の記録を残した名選手ですが、彼も試合前はひとりトイレの個室にこもり、「彼はこう打ち取る」「2番はこの配球で行く」など、1番打者から9番打者まで頭の中で疑似対戦をしていたそうです。

もちろんそのベースとして、ビデオを見ながらの分析、捕手との連携、データにもとづく対策などチームの支えがあったとしても、もっと重要なのは自分の頭の中でのイメージトレーニング。動作のセルフチェックと理想形への修正作業です。

そんな彼は著書『孤独を恐れない力』（青春出版社）の中で、

「私が知る限り、人から教え込まれるのではなく、孤独に考え抜いた末に自分で気づけた選手のほうがはるかに伸びます。そのほうが、自分で自分を伸ばす方法を考え続けるようになるからです」

と記述しています。

自分が何をすべきかに自分で気づくことができれば、誰かに催促されたりしなくても、自ら主体的に取り組むようになると言うのです。

別の例では、米プロバスケットボールリーグ・NBAで活躍している一流選手は、「練習時間の7割はひとりで練習する。ひとつひとつのテクニックをしっかり調整したいから」と言っていました。

音楽家の場合も同様に、上級者になるほどひとりで練習する時間が多いそうです。さらに小説家や作家の細かなニュアンスを表現する力は、内的な試行錯誤とその言語化への挑戦によって磨かれるものだと言われます。これもひとりの時間がないとできないことでしょう。

◉「天職」に出合えるかは内省的な問題

そしてこれは、仕事に対する姿勢でも同じようなことが言えます。

たとえば「天職」という言葉がありますが、これは自分の生まれつきの性質に合った職業に出合うことではなく、自ら能動的に働きかけてスキルを深め、興味を持って取り組み、成長や上達を実感し、それを喜びに感じることとです。つまりこれも、きわめて内省的な問題であることがわかります。

反対に、何年やってもうだつが上がらないとしたら、自分で問題意識を持って主体的に取り組んでこなかった可能性があります。

だから仕事が面白くない。面白くないから社内の人間や会社の体制の欠点ばかりが目につく。そして不平不満ばかり言うようになる。

自ら長期・短期目標を立て、**自分で特定した「意図的な鍛錬」**をしていないから、ただ日々の仕事や勉強、練習をこなしているだけ。それでは成長もおぼつかないでしょう。

「孤独で、自分と闘っている人間は鏡に向かって対話するんだよ。孤独を純粋につらぬけばつらぬくほど、逆にそれは魅力になってくる。」――岡本太郎

結局、**ひとりで不安だ、なんて言っているうちはまだ余裕があるということ**。というか、不完全燃焼なだけ。行動が足りないだけ。一生懸命生きていないだけなのです。

行動

孤独で寂しい、自分はどう生きればいいのか、自分の存在価値は何か、などと心の隙間を嘆いている人は、問い直してみることです。

「自分は毎日、まだやれる余力を残したまま、床に入っていないだろうか？」

19 「考えすぎて動けない」をやめる

やめられない人
同じところでぐるぐる悩む。

やめられた人
自分の頭で考えて、適切な解決策を導き出せる。

◉「考えすぎる」という人は考えていない

孤独力の低い人の中には、ひとりでじっとしていると、余計なことを考えすぎてしまうという人がいます。

しかし彼らの言う**「考えすぎる」というのは、実は考えているわけではありません。**ひとつのことにこだわり、そこをぐるぐる回っているだけ。あることが頭の中で繰り返されているだけで、自分の声に向き合っているわけではない。ただ「思い出している」状態に過ぎないのです。

そんな状態ですから、解決策やほかの道を考えることができません。その思考にこだわるあまり、「もう打つ手がない」「どうしようもない」などと悲観的になってしまいやすいのです。

「あれこれ考えすぎて落ち込む」という人もこのタイプで、いくらほかの選択肢があっても、そこには目もくれず、ただ自分の考えにしがみつく。だから発展的な未来が描けないのです。これでは行動できないのも当然です。

そしてこれは、多くの人が直面するであろう「悩み」についても当てはまります。

◉悩むのは、自分のことをきちんと考えていないから

たとえば、「就職や転職の悩み」「恋愛や結婚の悩み」「子育ての悩み」「人間関係の悩み」などは、よくある典型的な悩みでしょう。

そのとき、孤独力の低い人はじっくり内省する習慣がないため、「どうしたらいいかわからない」と混乱しがちです。

しかしこれもやはり、自分の問題や周囲との人間関係について、解決策を自分できちんと考えていないということであり、思考停止しているのです。

そもそも**「悩み」というのは、人に何かしてもらって解決するというより、自分で考えながらひとつひとつ乗り越えていくもの**です。

他人がからむ悩みでも、他人は変えられないから、自分の関わり方や心の持ち方を変えようとするはずです。それでも解決できない悩みは、専門家にお金を払えばたいてい解決してもらえます。

そして、「考える」という言葉の本当の意味は、悩みを悩みで終わらせるのではなく、悩みを課題に分解し、判断や行動につながる材料を出すこと。調べて行動につながる打ち手を選ぶこと。結論を導くことです。

「自分はこれでいいと思う」「自分はこうしよう」という結論にたどり着く思考が考えるということであり、壊れたレコードのように同じ思考がぐるぐる回るのは、視野がせばまっているだけです。

たとえば**「起業しようかどうか悩んでいる」というのも、これも考えているわけではなく、ただどうしようかとウダウダしているだけ**。

考えていないから、応用が利かない。いつも同じところで腹を立てたり落ち込んだり不安になったりして、結局疲れるということの繰り返し。

学習能力がないとはこのことで、その場その場で経験したことを、未来に活かせていないわけです。

こうした習慣は**人生の全方位に影響を与えます**。

たとえばいつも同じ失敗をしている、いつも同じようなダメ異性にひっかかるという人がいますが、クヨクヨ悩むだけで終わっているからです。

嫉妬した、ムカついた、不条理、悲しいという感情が湧いたときに、そうした出来事をどう受け止め、それをどう発展的に編集し、次への反応や行動を考えるか、という蓄積が、その人の**「人間としての性能」**を決めていきます。

しかし、自分に対して言い訳をするとか他人のせいにするなどして本当の自分の思いから目をそらし、あるいは自分の都合の良いように現実を歪めて解釈してしまうと、本当の自分との間にズレが生じます。

するとどんなに経験の記憶をたどっても、本当の自分の判断にはたどり着けないから、経験が応用できません。

だから永遠に自分に自信を持つことができず、再び悩むということの繰り返しになります。

こういう人は、自分に対する素直さが足りておらず、自分に正直でないのです。

◉悩みを紙に書き出して眺めてみる

だから、ちょっとしたことでもひとりになって、自分の感情とその発端となった出来事を振り返り、自分の感情を素直に受け止め、次から、自分がどう行動すれば発展的な未来につながるかを考える作業が必要です。

もし同じ悩みのループに陥っているなと感じたり、どうしていいかわからず投げ出したりしたくなったときは、**いったん思考のスイッチを切ってみる**ことです。

スイッチを切る方法は、紙やノートに書き出すことです。「いったい何が問題なのか？」「どういう状態になれば満足できるのか？」「そのためにはどんな方法があるか？」にフォーカスして、具体的に書き出すのです。

自分の悩みや考えを文字として紙に落とすと、いったん自分を離れ、客観的に見ることができます。**自分の中でぐるぐる回る悩みを自分から引きはがして紙という現実世界に固定し、強制的に「もうひとりの自分」から見つめられるようにすることで、冷静さを取り戻す**のです。

ちなみに自慢ではありませんが、私には悩みはありません。困ったことや不安に感じたことは、すべてひとつひとつ解決してきたからです。

その経験の蓄積が、「困ったことが起きても、そこから的確な課題を設定し、解決方法を考え出すことができる。そして打ち手を実行すれば、完全に解決できることばかりではなくても、気にならない程度に改善できる」という自信となり、ある意味「全能感」となっています。

それは「自分はすごい」などという思い上がりではなく、自分のことは自分できる、**自分に降りかかった問題は自分で解決できるという、自己信頼感・自己肯定感**です。

◉もし、わが子が「発達障害」だとわかったら?

たとえば私には現在3歳になる息子がいますが、まだほとんどしゃべれず言葉の発達が遅れています。また、極端な癇癪《かんしゃく》持ちで、いわゆる「イヤイヤ期」というレベルを超えた暴れ方をします。それで「ちょっと変だな」とは思っていたものの、「個人差だろう」と軽くとらえていました。

しかしある日、突然白目を向いて口から泡を吹きながらけいれんを起こして倒れたと妻から連絡がありました(いわゆる熱性けいれん)。

そして救急車で病院に運ばれ、医師から前述の発語と癇癪の状況を聞かれたとき「知能の発育に問題が見られる。一度、専門医に診せたほうがいい」と言われました。

これはショックでしたし、「そんなはずはない」と否定したい気持ちにもなりました。かつての私であれば、不安や悲観を抱えていたかもしれません。

しかし私たち夫婦は「もしそうだったとしても、それもこの子の個性」と受け止めました。そしてこの個性はどういう方面で活かせられるかを調べたら、**起業家や発明家など偉業を成した人物の中には、実はＡＤＨＤ（注意欠陥・多動性障害）やアスペルガー症候群などの発達障害だった人が少なくない**ことを知りました。

たとえば故スティーブ・ジョブズ氏が発達障害だったというのは有名な話です。永遠の少年、ヴァージン・グループ創業者のリチャード・ブランソン氏や、映画監督のスティーブン・スピルバーグ氏も、少年期はディスレクシア（学習障害の一種で読み書きが弱いこと）だったそうです。

最近でも、世界を変える男として有名なテスラモーターズやスペースX社のCEOであるイーロン・マスク氏も、やはり発達障害ではないかと噂されています。

彼のことを書いた著書によると、彼は社内で怒鳴り散らしたり、相手のことを考えずずけずけものを言ったり、腹心の部下を突然解雇したりしています。プライベートでも2回結婚し、2度とも離婚しているくらい社会性に欠ける側面があるからです。

そして実際、アメリカの調査では、**ＡＤＨＤ（注意欠陥・多動性障害）の人が経営者になる確率は、平均より6倍も高い**ということです。

たしかに、人の気持ちを考えたり空気を読んだりする人が、無謀とも思える夢に向かって周囲に構わず突っ走ることはできないでしょう。他人の気持ちに過度に配慮しないから、臆せず巨大な組織を引っ張れるというのもわかるような気がします。

◉「ではどうするか」を考えれば悩みは課題に変わる

また、**発達障害がある人は、ある特定の分野では類まれな才能を発揮することが多い**とされ、音楽や芸術などでも世界トップクラスには発達障害の人が少なくないと言われています。

先のイーロン・マスク氏も集中力が凄まじいそうで、5、6歳のころから「下界と断絶してひとつのことに全神経を集中させるすべを身に着けた」と語っています。

彼は幼児のころから、時々、宙を見つめて考え事にふけることがあり、話しかけても微動だにしないイーロンに、母親は聴覚異常を疑うほどだったそうです。

そういえば私の息子もよくよく観察していると、集中力がすごいという特徴があることに気がつきました（親バカかもしれませんが）。

たとえばおもちゃ遊びを始めたら、何を話しかけてもまったく反応しないくらい没頭します。一緒に遊ぼうと親がおもちゃに手を伸ばそうものなら、こちらを一瞥もせずバシッと振り払う暴挙。まさにＡＤＨＤの典型的症状……。

だからこの子のことは、「お行儀の良い子」とか、「みなと同じように勉強ができる子」とか、その結果として「良識ある社会人になる」「良い会社に勤める」などという**常識的な生き方ではなく、変わり者でもいいんだと認めてあげよう。人と違っていても、それは特別な存在である証拠だと喜んであげよう。**

そして起業家や芸術家のように、ひとりで生きる道もあることを教えてあげればいい。最終的には本人が満足する道を自分で選択するだろう。

そうやって現実をそのまま素直に受け止め、「ではどうするか」を考えれば、悩みは課題に変わり、課題は調べれば解決方法や選択肢があることを知り、どんな状況・状態でも何かしらの可能性があることがわかります。

するとむしろ「この子が将来どういう才能を発揮するのだろうか」とたのしみになってきました。

20
「みんなでブレスト」をやめる

やめられない人　その他大勢から抜け出せない。

やめられた人　イノベーティブな人材になれる。

◉孤独は想像力を飛躍的に発展させ、想像力は自分を解放させる

インターネットの普及やメディアの多様化によって、こんなに情報量が増えたにもかかわらず、なぜクリエイティブなアウトプットができる人と、そうでない人がいるのでしょうか。

結局、**情報や知識を得ること単体では価値を持たせることはできず、それをどう編集・加工していくかが重要**だということでしょう。

そしてそれには、ひとりになる時間が必要です。他人が入り込むとそこで思考が中断されますが、ひとりでいれば誰にも邪魔されず、得た情報をもとに黙々と分析したり自分のイメージをふくらませたりすることができるからです。**クリエイティブ人材は、そうやって孤独の中からアウトプットを生み出す**のです。

たとえばスパイダーマン、超人ハルク、Xメンなどのアメリカン・ヒーローを生み出してきた天才スタン・リー氏はこう言います。

「私にとって、他人とは知的好奇心を刺激し、たのしませてくれるものなんだ。だから多くの人と関わることは、私にとってとても大切なこと。でもその刺激は、そのままでは形にならずに流れていくだけ。その刺激が何かを生み出すためには、ひとりにならなければならないんだ」

アイデアの原石を取り入れるには、たしかに外部からの刺激が必要ですが、アイデアを発展させるためには、他人と共有されないひとりの時間が必要というのです。

彼が言うように、**外界からの刺激で何かをひらめいたとしても、それをいったん自分に引き寄せ、自分の中で加工していく必要がある。**他人とのディスカッションで良いアイデアが出たとしても、自分の感性で練りこんでいく必要があるのです。

◉「ひとりブレスト」が創造を生む

多くの人は、ただ知るだけ、外界からの刺激に感情的に反応するだけ、ということがほとんどです。ただ単に読むだけ、覚えるだけ、「けしからん」と反発するだけ、なるほどと納得するだけのほうがラクだからです。

しかしクリエイティブな人間やイノベーションを起こせる人材は、その刺激を加工・応用し、発想や自分の行動を錬磨するべく内的作業をする思考のクセがあります。

それは「こうかもしれない」「こういうこともありうる」と、外側の世界を自分内部の思考の枠組みに引き寄せ、その中で理解し創造しようという試みです。

そしてそうした思いつきに似た仮説を、現実と照合し検証したり、作品として世に問うのです。

いわゆるビジネスの現場で活用されているブレインストーミングやディベートも、他人がいなければできないのではなく、この作業をひとりで繰り返しているのが優秀なクリエイターです。

つまり**自分の中に独力で場をつくり、その思考の場の中で複数の違う自分を立ち上がらせて、相互にディスカッションできる**人こそが、次々と問題解決策を思いついたり、独創的なアイデアを紡いでいけるのです。

たとえばマンガ『進撃の巨人』。独特の世界観と随所に散りばめられた伏線の数々が多くのファンを惹きつけ、２０１７年初頭でコミック単行本の累計販売数は６３００万部を超えるヒットになっています。

しかしこの原作者である諫山《いさやま》創《はじめ》氏が『進撃の巨人』を最初に描いたのは若干19歳のころだそうです。

そんな彼は暗い学生時代を過ごしたそうで、自らを「非リア充」と言うなど、やはり孤独の中で創造力を育くんできたのだと思います。

そういえば、『孤独の発明』（新潮社）を書いたポール・オースターは、**「孤独が人間の全能力を引き出す」**と述べていますし、「ローマ帝国衰亡史」を書いたイギリスの歴史学者ギボンも**「孤独は天才の学校である」**とも述べています。

◉ひとり想像することは生きる知恵

そうした作品をつくることに限らず、ひとり想像することは、自分をより自由で豊かな世界の中で生かすことができるという側面があります。

たとえば名作『赤毛のアン』の主人公アンは、咲いたバラを見てこう言います。

「あら、早咲きの小さなばらが一輪咲いているわ。美しいこと。あの花は自分がばらなことを喜んでいるにちがいありませんわね？」

何も想像しなければ、そこにただバラが咲いているという風景に過ぎません。しかし自分が遭遇する出来事や事象に対しそのようにとらえることができると、いつでもどのような状況でも幸せを噛みしめることができるのではないでしょうか。

さらに**現実とは関わりなく、想像力ひとつで自分を取り巻く環境を前向きにとらえることができます**。

先ほどのアンも、孤児の自分が引き取られるとき、待ち合わせ場所に里親がなかなか来ない不安をこう想像しています。

「もし今夜いらしてくださらなかったら、線路をおりて行って、あのまがり角のところの、あの大きな桜にのぼって、一晩暮らそうかと思ってたんです。あたし、ちっともこわくないし、月の光をあびて一面に白く咲いた桜の花の中で眠るなんて、すてきでしょうからね。」

普通であれば、もし来てくれなかったどうしよう、どうやって生きようかと絶望するのではないでしょうか。その絶望感の行きつく先は、自殺です。

自殺する人は、仕事やお金、健康や人間関係などで未来を否定的にしかとらえられないからであり、それは想像する能力が低いことを意味します。

しかしそれが仮に現実逃避であっても、アンのような想像力があれば、**どんな不幸**

な状況でも肯定的に解釈することで、自分の生すら支えることができます。

つまり**想像力は生きていくうえでの戦略的な知恵であり、究極のサバイバル術**であるとも言えます。

◉優れたイノベーターにとって社会性はかえって邪魔？

先ほど、「わが子の発達障害」のところでも触れましたが、かつての偉人や優れた起業家の文献を調べていると、前述したスティーブ・ジョブズ氏やイーロン・マスク氏に限らず、**社会を変革するようなイノベーターには、社会性が乏しい人が少なくない**とわかります。

しかしよくよく考えてみると、社会性がないから社会のひずみに気がつき疑問が湧くわけです。社会性がないから、周囲が何と言おうと自分の考えを押し通して社会を変えられるわけです。

そもそも「社会性がある」とは、自分を周囲に合わせて集団の中で上手にわたっていく能力のことであり、社会性が高ければ高いほど、周囲が驚くような突拍子もないことはできないでしょう。

つまり**イノベーティブ人材になるには、社会性はかえって邪魔**なのかもしれません。

フランスの小説家、スタンダールがかつて**「凡人が敷いたレールに自分の思考を乗せないのが天才の特徴」**と言ったように、他者から抜きん出て何かを成すためには、社会性が大事とか、協調性が大事なんて言うのがそもそもの間違いかもしれません。

もちろん、度を越した社会性の欠如ぶりでは誰からも相手にされず、逆に窮屈になりそうですが、あまりに周囲との協調を重視しすぎる必要はないように感じます。

21 「相談して決断」をやめる

やめられない人

他人のせいにして、途中で迷いが生じる。

やめられた人

自分の決断に自信を持ち、没頭する。

行動

◉人生の重要なことは自分で決める

休暇で海外旅行に出かけているときに、いまの慌ただしい生活に疑問を持ち、帰国したら退職する、という人は少なくないと聞きます。

それはやはり、日常から解放され、誰からも何からも思考を邪魔されず、ひとりじっくり自分の人生と向き合う機会になるからではないでしょうか。

人生の転換点では、必ず孤独の中で決断するものです。

もちろん周囲の人に助言や励ましを受けることもあるでしょう。しかし最後に決めるのは自分です。

たとえば進学先の選択、就職先の選択、どんな分野に取り組むか、結婚なども含めて人生の方向性を決めるとき、自分が何を重視しているのかを深く掘り下げようとします。そして**自分の心に従い、自分がどうしたいかを優先して決断します**。

仮に他人にすすめられたとしても、自分が心から納得した結論でなければ、途中で迷いが生じるかもしれません。他人に決断をゆだねてしまうと、意にそった結果にならなかったとき、後悔したり相手を責めたくなる心境になったりしてしまいます。

しかし、自分で考え自分で決めたことであれば、自己責任という覚悟ができ、真に自分が納得できる道にたどり着けます。

それは、ある日ふと考えるということだけではなく、日々の生活の中で、「ああ、これたのしいなあ」「こうしていると充実するなあ」などとぼんやりと感じながら、その思いを強くしていくこともあるでしょう。

いずれにせよ、人生のテーマを決めるのは内省の旅路であるとも言えます。

◉なぜ「経営者は孤独」と言われるのか?

「経営者は孤独」という言葉も、それはネガティブな意味ではなく、すべての主導権を自分が握っている状態を指しています。

自分の社会的責任をすべてその身に負って経営しているわけだから、周囲の意見は参考にしつつも、最後は自分自身が決める。周りが「やめとけよ」「ムリだよ」「無謀だよ」と言っても関係ない。自分が「やりたい」「行ける」と判断したら、誰にも止めることはできない。

特に**一代でのしあがった中小企業経営者の多くは、誰にも相談しないし他人の話を聞かない**傾向があります。

経営トップは、その事業において最も優れた発想力や判断力を持っているからこそ、その組織のトップたりうるわけです。なぜなら、その組織内には、創業者である自分の考えを上回る意見を持つ人がほとんどいないからです。

また、自分だけの意志で決めるからこそ、そこに「覚悟」が伴い、責任感やモチベーションを強く持つことができます。

誰にも相談する必要がないので、意思決定も行動も速くなる。特にベンチャー企業が機動性に富んでいるのは、組織や階層の問題だけでなく、そういうところにも理由があります。

つまり**「経営者は孤独」というのは、最終責任を負うのは経営者ただひとりであり、その覚悟があるということ**なのです。

私はそこまでの成功者ではありませんが、転職や起業、新事業への参入や撤退も、誰かと議論することはあっても、やはりひとりで決めてきました。

特に起業してからは、ほとんど誰にも相談せず判断しています。人に話すと、常識的な意見や反対意見、リスクや問題点ばかり指摘する人などが出てきて、自分が進むためにはむしろ障害になることのほうが多いからです。

ちなみに経営者の多くは、ひとりの時間を大切にし、そこでじっくりと経営戦略を考えます。たとえば**マイクロソフト王国を築いたビル・ゲイツ氏でさえ、年に2週間の「ぼっち時間」を持つ**と言います。

あるいは一流のビジネスパーソンの中にも、仕事用に別のマンションを借りたり、隠れ家的なバーを行きつけにしていたり、ひとりの時間を確保し、大切にしている人が少なくないようです。

◉孤独を恐れると、人生のターニングポイントに気づかない

一方、いつも誰かと一緒にいたり、誰かと会話やメール、チャットをしたりしていると、重要な決断のための内省が不十分になります。

それは、ふと自分に訪れた、人生の大きなターニングポイントでも決断できない人になるリスクを秘めています。

内省が足りない人は、リスクや不安ばかり大きくとらえがちです。もちろん、決断のベースは感情ですが、その感情をとらえて論理的に構築し、「だからやる、やらない」という自分を支える根拠にしなければ、思考はどうしてもネガティブになり、行動を躊躇する傾向が強くなるのです。

たとえば毎日会社に行っていると、特に深く物事を考えなくても、時間はなんとなく過ぎていきます。自分であれこれ生き方を考えなくても、とりあえずは生きていけます。

朝起きて会社に行けば仕事が待っていて、それをこなせば評価されお給料をもらえる。帰宅したらお腹がすくから夕食を食べる。なんとなくヒマだからネットやテレビを見たりして過ごす。眠くなったら寝る。

その日その日をどう生きるかなどを考える必要はなく、自分の方向性や未来を確認しなくても、5年や10年はあっという間に過ぎていきます。

そんな日常を繰り返していれば、**自分はいったいどれだけのチャンスを逃してきたか、無意識に生きているから気づかない。**

選べたのに、選ばなかった自分。まだやれる余力があったのに、やり尽くさなかった自分。失敗したときの損害は実はちっぽけなのに、それを過大視してビビった自分……。

◉やりたいことができていれば、それは成功

シンプルに考えれば、私たちの人生は、朝起きて会社に行って仕事をして帰って寝る、そしてまた朝起きて夜寝るの繰り返し。それを社会に出てから40年も続けているだけです。

しかし、それが幸せな人生になるかどうかの差を分かつのは、その間に本当にやりたいことをやっているかどうかです。

やりたいことをやっているなら、結果がどうあれ、貯金や収入がどうあれ、それは成功と言えます。

なぜなら私たちは、好きなことをやって幸福感を得るために、いろいろ努力したり耐えたりしているわけなのですから。

逆に、どんなにお金や地位や名誉があっても、やりたいことができていないなら、それは成功ではありません。

ただ**お金を稼ぐため、貯金をするため、地位や名誉を得るために、自分が起きている時間を切り売りして犠牲にしてきただけ**のことです。

外からは成功者に見えても、当の本人は心の中に深い闇を抱えていることだってあります。きらびやかに見える芸能界でも、心を病んで辞めていく人は大勢いるのです。

◉「未来年表」を書くとセルフチェックがしやすくなる

だからこそ、日々の出来事を振り返る時間をつくる必要があります。

今日の経験は自分にとってどういう意味があったのか。あの人との関係は、どうしていくことが望ましいのか。**今日のことは、自分の理想の方向へ続く道の一歩なのか、それともそれているのか。**

自分と向き合っていない人は、目の前の道の先の未来にもやがかかったようによく見えず、不安になります。だから決断できない。

しかし自分に向き合い自分の心に素直になれば、霧が晴れるように自分の道が見えてくる。自己信頼感と自己責任意識が芽生え、それがもやを払しょくしてくれます。

いまの自分でも大丈夫という自信ができてくる。そして、「こうしよう」という勇気になるのです。

そのひとつのきっかけづくりとして、第2章で紹介した人生年表（68ページ）を書いて、それを机の前に貼っておくのもひとつの方法です。

第2章では、「これまでの自分」をプロットしてみようという話でしたが、今度は「これからの自分」をプロットしてみるのです。

憧れでも夢でもよいので、**「何歳までにこうなっていたい」「この年齢くらいにはこうしたい」という思いを書き込んでいきます。**

すると、**「ではこの5年間で何をするか」「今年は何をするか」「今月は何をするか」という道筋が見えてくる。**それが見えていれば、日々を振り返る習慣がつきセルフチェックがしやすくなります。

◉人は孤独の中で自分のあり方を考える

人は孤独と対峙し、自分は何者で何ができるか、何をすべきかを考えざるをえない場面に直面します。そんな自分との対話が、時に自分に決断を迫ることがあります。

そのときに、誰かに相談したり、友達や家族に背中を後押ししてもらうことがあったとしても、それは材料のひとつに過ぎません。

自分の中で納得できる理由を構築したからこそ、その決断に後悔はなく、むしろ新たに前に進む原動力になるのです。

ひとりで考える習慣がない人は、不安になって友人知人に助言を求めます。しかし友人知人は責任をとれないから、たとえば「そのままでいいんじゃない?」「やめといたほうがいいんじゃない?」などと無難なアドバイスをするでしょう。ではそれが望ましいのかどうか……。

優秀な人ほど、誰にも相談せず突然退職するように、**一流の人間ほどひとりで考えひとりで決断します**。それは先ほどの経営者の話のように、最終責任は自分でとるという覚悟があるからです。しかしそれこそ、自分の人生を生きていると言えるのではないでしょうか。

22

「問題から逃げる」のをやめる

やめられない人

悪循環から抜け出せなくなる。

やめられた人

適切な問いを見つけ、解決する強さが身につく。

◉悩みのすべては自問自答で解決できる

私は、ひとり自問自答ができることは、理想的な問題解決能力のひとつではないかと思っています。自ら問いを設定して自分で答えを導けるなら、さまざまな場面で誰にも何にも頼らず乗り越えることができるからです。

自問自答の能力が高ければ、「ちょっと難しいなあ」と思える問題や課題でも、別の角度から問い直すことで、自分で解決できるレベルや方向に修正することができます。あるいは「それってそもそも問題なのだろうか？」などと根本から問い直すことで、問題そのものを消し去ることもできる。

その**内的作業によって納得し、不安や不満、悩みを消していく。これは、究極の強さのひとつ**と言えるでしょう。

そしてこの能力は、ひとり内省するからこそできることです。誰かと一緒だったら、会話をしたり相手の反応で考えることが変わったり、自分と向き合うことはできません。あるいはテレビなどの刺激があればそちらに気をとられ、思考が止まります。ネットやスマホを見ながら自問自答はできないでしょう。

◉主語を自分にして語り直す

自問自答をするときは、直面している問題に対し、主語を自分に置き換えて状況を語り直すことです。

たとえば理不尽や不条理な状況に直面したとき、憤懣《ふんまん》やるかたない感情に支配されます。そのときはいったん「自分はこう感じている」という感情を眺めてみます。

イライラ、不満、怒り、といった感情に支配されると、自分の思考の癖がネガティブストーリーを描いてしまい、そのループから抜け出せなくなるからです。

最初は自分は被害者という立場から他人や状況を責める感情になったとしても、それはそれで認識する。

そして、その問題が自分にとってどのように存在しているのか、自分にとってどのような意味があるのか、自分がどのようにとらえているのか、そのとらえ方は意味があることなのかを分析する。

そのうえで、**他人がどうこうではなく、自分がどうしたいかに語り直す。最後は「〜したい」「自分が○○したらハッピー」という言葉で締めくくる**のです。

人と関わって生きる以上、腹が立つことも理不尽なことも起きる。そんなときに他人に感情を振り回されるのではなく、自分を支えている判断軸を根拠に、自分の感情をどう収まらせるか知っている人は強く生きることができます。

◉自分にどういう問いを発するかで住む世界が決まる

また、問いが変われば答えが変わるように、どういう問いを発するかで、どういう選択をするかという答えも変わってきます。

人生は選択の連続ですから、問いの立て方や内容によって自分の世界が決まるといっても過言ではありません。

そして、うまくいっている人、幸せな人というのは、上手な問いを発しているものです。**上手な問いを投げかけることができれば、その答えはより自分にとって上質なものとなりますから、精神が高いレベルの世界で生きていくことができます。**

そこで、より自分の本質に迫るために習慣にしたい問いをご紹介します。

・なぜ?
・つまりどういうこと?
・本当にそうなの?

・それって本質的に重要なこと？
・根本原因は何？
・具体的にどうすればできる？
・もっと幸せに感じるにはどうすればいい？

何か問題に直面したり迷ったりしたときには、これらの問いを繰り返すことで、多くの場面で次の展開が見つかるはずです。

と言いますか、そういう問いを発すれば、自分が感じている問題の多くは、実は「どうでもいい」ことがほとんどであると気がつくでしょう。

◉問題をほぐしてただ受け入れれば、問題解決は不要となる

たとえば私の卑近な例としては、白髪が増え、お腹周りもむっちりしてきたことでしょうか。

どちらも加齢を感じさせる現象ではありますが、これを「問題」にしてしまうと解決が必要となり、たとえば「ダイエットしなきゃ」という発想になります。そこでこれらをほぐしていくとどうなるでしょうか。

行動

「お腹がむっちりしてきたな〜」

引き締まった体、板チョコのように割れた腹筋はたしかにかっこいいし理想だけど、だから何だろう？

これから恋愛する人ならともかく、既婚者の自分は誰にアピールするのか？　そんな人いない。

プールや海に行ったときの人目？　でも赤の他人だし、ナンパするわけでもないし、帰宅すれば忘れるし、そんな人の目を気にして何かいいことあるのか？

モデルや芸能人でもないのに、引き締まった体がどういうメリットになるのか？　1円にもならないではないか？

それより、食べたいもの、飲みたいものを我慢する生活はたのしいのか？

極端に太らなければ、健康を害することもないし、いままでの服が着られなくなって余計な出費が増えるわけでもない。

おいしいものを食べるのは人生のたのしみのひとつだし、「控えなきゃ」と我慢するような余計なストレスもないほうがいい。

そのままでいいじゃん。

という感じで、気になったことでも「自分にとってどういう意味があるか」と解きほぐしていけば問題になることはなく、つまり問題解決も不要になる、というものがたくさんあることがわかります。

これを「単なる開き直りの現状肯定だ」「問題に対する逃げだ」と感じた人もいるかもしれません。

しかし、**人の悩みとは基本的に妄想**です。たとえば「こうなったらどうしよう」などというのも、起こってもいない妄想。「こう思われたらどうしよう」なども、これまた自分で勝手につくり出した「他人の声」という妄想。

◉悩みとは自分勝手な妄想に過ぎない

自分が問題だと信じ込んでいる問題の多くは、実は根拠のない妄想にあることに気づけば、悩みの多くは消えていき、「本当に解決しなければならない重要な課題」だけが残ります。

また、現状を肯定するというのは、自分の本音を抑え込んで「これでいいんだ」と

行動

無理やり自分を納得させようとする諦めとは違います。

本当はダイエットしたほうが魅力的な異性をゲットできると思っていても、面倒だからやらないというのは本心からの逃げです。

あるいは本当は転職したほうがいいと思っているのに「仕事があるだけ幸せだ」「このままでいいか」と、転職という面倒を避け、諦めるために現状を肯定するというのも逃げであり、本質的な心の安定にはつながりにくいでしょう。


逃げるのでなく、むしろ真正面から向き合う。そして本当に必要だと思えば動くし、そうでなければ何もしない。それは素のままの自分を認める行為であり、自分らしく生きる原動力です。

23

「ネガティブな発想」をやめる

やめられない人

「悲しい」「つらい」という感情がぐるぐる回る。

やめられた人

自分で意味を見出し、どんな困難でも乗り越えられる。

◉経験を自分の幸福につながるように意味づけをする

内省で習慣化したい作業のひとつは、自分に起こったことの意味や理由を解釈して論理的に理解し、自分なりに納得することです。

逆に、結果や状況に意味を見出せなければ、「なんで自分だけ」「自分だって努力しているのに」といった不満や絶望感に襲われることになります。あるいは同じ失敗を繰り返してしまうことにもなりかねません。

たとえば忙しく働いていて、体調を壊して入院したとき、「これは休息しろということなんだろうな」と意味づけすることで、仕事に後れをとってしまう焦りや、会社に迷惑をかけるという罪悪感を和らげようとするのはよく聞く話だと思います。

仮に、リストラに遭ったり、大好きな人との別れに直面したりしても、「自分はこの会社に合わなかっただけで、ほかの場所で価値を出せということだ」「ほかにもっと良い人とめぐり逢うための別れなんだ」などと意味づけすることによって、苦しみも和らぎ、未来に対して前向きな気分がよみがえるでしょう。

ただし、人には思考のクセがあり、ついネガティブな発想に傾く人も少なくありません。そういう場合、もっと自分の声が出てくるまで向き合うのです。そうして**前向**

きな意味づけができる思考体系を獲得していけば、これから直面するかもしれない、はた目には不幸に見える状況に遭遇しても、心が折れず乗り越えることができます。

そしてその自信は、未来に対する不安を軽減させ、むしろどのような環境からも幸せを抽出することができ、未来はハッピーだと感じさせる原動力となります。

◉経験を意味づける主体は「他人」ではなく「自分」

そしてこうした内省作業もひとりでやるからこそできることです。

しかし**悩みを他人に相談すれば、その人の価値観という枠で自分の経験を当てはめられてしまいます。**他人は他人の価値基準にもとづき、「キミはこうすべきだったと思う」などと、自分とは違うとらえ方をするでしょう。

仮にそれが客観的で正しかったとしても、「自分はこう思っている」ということが共感されずに違う意味づけをされると、しっかりと状況をとらえて自ら対処しているという**「把握可能感」**や**「処理可能感」**を持つことができません。

他人に不本意な意味づけをされると、不要な反省や自己嫌悪、敗北感を味わうことになりかねません。そこで極端ではありますが、わかりやすい例として、かつて世間を騒がせたSTAP細胞問題で説明します。

STAP細胞の再現性が乏しくても、一度でも成功し可能性が見えたのであれば、さらなる研究へのモチベーションは続くはずです。将来の医療に貢献するはずだという自己有能感も得られます。あのように世間からの好奇な目にさらされるまでは。

しかし一連の報道のように、他人から「ウソだ」「ねつ造だ」などと勝手に決めつけられてしまっては、自分の感情の処理が追いつきません。そして「自分は悪いことをした」などと悲観的になってしまう。実際、関係者からは自殺者やウツ患者を生み出しました。

もちろん、私たちの人生は他人に評価されることの繰り返しですし、それが喜びになる場面もたくさんあります。

しかし**他人から、自分の本意とは違う勝手な意味づけをされることほどストレスなことはありません**。そんな雑音を排除するためにも、自分に起こっていることはすべて自分で意味を持たせようとすることです。

ただしそれは他人からの評価を無視するということでも自分を卑下することでもなく、自分の感情がより幸福感につながるよう意味を与え、**自己評価をコントロールするということです。**

自分が直面する事態や状況が仮に望ましくないものであっても、「自分にとってはこういう意味があったんだ」「つまりこういうことなんだ」などと、有意な経験としてとらえることができれば、あらゆる出来事が自分にとっての糧として納得することができます。

そうやって自分に起こっていることを受け入れられれば、現実と理想とのズレが縮小し、悲観的になったり絶望したりすることもありません。

◉価値観を肯定する意味づけは「人生の首尾一貫感覚」を生む

たとえば私の場合、最盛期には3事業部で合計30人ほどの従業員を抱える経営者として張り切っていました。

しかし新規事業の不調やリーマンショックの影響などによって業績が悪化したとき、組織の縮小と経営陣の刷新に失敗し、すべての従業員と資産を失い、たったひとりになってしまいました。

経営を次の人材に託そうと交代の準備をしていたが、その人物が私が会社のお金を使い込んでいたんじゃないかなどと言い出し始めた。売上が急上昇していたポイストレーニング事業部も、実は赤字を垂れ流しているんじゃないかなどと言い始めた。財務諸表を見せても納得しないし、なんで交通費がこんなに多いのかと細かい指摘を始める。バカなことを言わず経営に専念したらどうかと説得したが、結局彼は途中で投げ出し組織も空中分解。社員は全員、離反もしくは解雇。結局最後は私ひとりが会社に残ることになった。

ではこれをどう意味づけしたか。

いろいろストレスのかかるプロセスではあったものの、不動産投資を始めたころの原点である「自由に生きる」という観点からは、むしろ良かったのではないか。

起業した当初は、多くの雇用を生み出し、大きな売上をあげて社会に影響を与える経営者になりたいという理想があったものの、それは単なる周囲に対する見栄や憧れであって、本心ではなかったような気がする。

会社を経営するということは、オフィスを構えたり、従業員をマネジメントしたり、それなりにいろいろな制約がある。新規事業をやろうとすると既存事業の従業員から反対意見が出るなど完全に自由奔放でいられるわけではない。

本当は、自分はもっと自由でいたい。そのためには、オフィスも従業員も持たないほうが、場所にも人にも時間にも縛られることがない。

そしてそういう考えは、当時の株主の意向とも異なっていたため、仲違いの原因となり訴訟に発展しそうになった。それで相手の持ち分を買い取ることにしたが、それも誰からの影響や支配も受けず、自由にビジネスができる環境づくりのための必要なトラブルだったのではないか。

また、株式を買い取った会社は繰越欠損を抱えていたため、今後の節税にもなる。だからこれほど安い金額で株式を買い戻せたのはむしろラッキーだろう。

そんなふうにして状況を自分の価値観に引き寄せ、その中で経験の意味づけを変えて組み立て直せば、**状況と自分の感覚が一致することで、思いどおりになっている実感が得られます。**

もちろん結果オーライとか自分の都合の良い解釈とか、単なる開き直りに近いこともあります。

しかし、**状況を自分の枠組みでとらえ直し、自分に有意な意味づけができることは、人生の「首尾一貫感覚」をもたらしてくれます。**

仮にそれがトラブルであっても成長の糧だととらえ直すことで、悲観や後悔ではなく、満足感を得ることができるのです。

第5章

読書

24 「漠然とした不安」を抱えるのをやめる

やめられない人　知らないことだらけで、不安になる。

やめられた人　**読書で知識を得て、幸せにつなげる。**

◉孤独を恐れる人は、つねに社会や人生に対する不安感がある

ひとりの時間をたのしむ方法には、内省によって自分と向き合うこと、趣味など自分が好きなことに没頭することなどもありますが、もうひとつ重要なことがあります。それが本を読むことです。

そもそも孤独を恐れる人は、誰かとつながることを重視しておしゃべりやＳＮＳなどに費やす時間が長い一方、相対的に読書時間が少なくなります。

さらに自分と向き合うことが苦手なので、自分と世の中の仕組み、自分と社会、自分と周囲の人との関係をしっかり理解することができません。

人は、**自分と社会、自分と他人との距離感と影響度を把握し、それを自分が快適なようにコントロールすることによって心の安定を得る**ものです。

しかし彼らには、世間で起こっていることや自分が直面する事態が、自分にどういう影響を与えるのかという知識が少ないため、つねに社会や人生に対する不安感がつきまといます。

「よくわからないから怖い」という感覚があるのもそのためです。たとえば架空請求メールが来たら焦ってパニックになり、お金を払ってしまう人がいます。

これも、まったく法的根拠がないことを知り、もし放置したら何か困ったことが起こるのかをよくよく想像すれば、スルーしても何の問題もないことがわかります。

「クレジットカードを使うのが不安」という人も、実はクレジットカードの仕組みをよく理解していないから信用できないだけ。メリットとリスクを知れば知るほど、適切な使い方が自分の中で構築されていくものです。

そうやって、社会のことを知れば知るほど、環境変化が自分に与える影響とその対処法もわかります。対処法を知っていれば自分が環境変化に直面したときでも「こうすればいい」とわかりますから、不安は減っていきます。だから**世の中の仕組みをよく知り、自分の人生との関連性を想像しようとすること**です。

すると、自分に関係ないことはスルーできるし、関係することに対しては自分の行動を最適化させることができます。

そして、そのための**もっともおススメの方法が読書**です。いまや人間の活動領域のほとんどすべての分野で何らかの書籍がありますから、読書は世の中を知るにはもっとも安価で優れた方法のひとつです。

一方でテレビや新聞では不十分です。なぜならテレビの情報は自分が知りたいこととは無関係に流れては消えていきますし、新聞の情報は断片的な上に掘り下げ方が浅いからです。

◉知識はさまざまな分野へのプロファイリングを可能にする

たとえば「善か悪か」「敵か味方か」「白か黒か」と、どちらかはっきりしないと気が済まない人は、会社やご近所などにも少なくないと思います。

本来、立場や視点が変われば意味も変わるため、ほとんどの事象はグレーです。にもかかわらずなぜ彼らが「グレー」を認識できないかというと、情報処理能力が低いからです。

ではなぜ情報処理能力が低いかというと、**物事をとらえる評価基準や枠組みが少ないから**です。だから物事を単純にしか見ない。そして単純でないことに直面すると情緒的に不安になり、はっきり切り分けたくなるのです。

しかし**読書を通じて、社会を計測する基準や枠組みをたくさん持つ**ことができれば、たとえば「日本社会のこういうところはまだ不十分だけれど、この点は進んでいる」

とか、「いまの政権は景気対策では効果が出ていないけれど、外交は従来の政権よりよくやっている」などと、複数の視点から評価することができます。

すると「日本はダメだ」「いまの政権はダメだ」などという視野狭窄《きょうさく》な二元論にならず、部分部分で恵まれたところ、優れたところを抽出でき、いちいち怒ったり不満に感じたりすることもありません。

あるいは3Dプリンタを使って殺傷能力のある拳銃をつくった人が逮捕されたというニュースを見ても、「けしからん。3Dプリンタは規制しなければ危険だ」などと単純にとらえるのではなく、「スピーディにローコストでテストモデルが作れ、医療や建築などの分野ではメリットがある」といった両方の見方ができ、ビジネスチャンスの発見にもつながるかもしれません。

つまり、第2章で述べたプロファイリング（87ページ）は他人に対してだけではなく、社会に対しても有効なのです。

◉計測基準が多ければ、思考は柔軟に、心は穏やかになる

政治経済に限らず、社会のさまざまな対象にプロファイリングができれば、「それってつまりこういうことよね」と**自分の中の膨大なプロファイルの中から当てはめて、**

より世の中を理解することができます。

それはつまり、**自分の身の周りで起こる出来事や変化に対する恐怖心や不安感を減らす効果があります。**

そのためには**たくさんの本を読んで世の中の仕組みを知ることと、いろいろなことに挑戦して経験値を増やし、未知の世界を既知にしていくこと**です。

ただし、こうしたプロファイリングは、世の中をよりよく理解できる一方、自分を縛る足かせになることがあります。

たとえば経済学は、経済を理解しやすくするための枠組みを教えてくれる学問ですが、それに縛られると「経済学的にあり得ない」「この相場はおかしい」などといった本末転倒なことが起こります。

最近でも、イギリスの国民投票やアメリカ大統領選挙などで、あり得ないと思っていたことが起こると、それを受け止めきれない人たちがパニックを起こしましたが、「こうあるべきだ」「こういうもののはずだ」と固執するのではなく、出来事に対して柔軟にプロファイリングを更新する必要があります。

そのためにも、「この関係の本は読んだことがあるからいいや」ではなく、同じテーマでも別の本（やネットの記事）を読み、柔軟にキャッチアップしていくことです。

25

「情報に振り回される」のをやめる

やめられない人

どうでもいい情報に振り回される。

やめられた人

大切な情報を
自分の幸せにつなげられる。

◉「経済・法律」を勉強し有利な選択をする

ひとり時間の過ごし方として、読書とその効能について述べてきましたが、ではどのような本を読めばいいのでしょうか？

もちろん自分が気に入ったものを読めばいいのですが、私は**自分と家族の人生の幸せにつながりそうなテーマの本**を選んでいます。

たとえば私は、経済・法律・健康についての本を意識して読んでいます。

経済の知識とは、先ほどのクレジットカードの仕組みといった身近なものも含め、資産運用や海外投資、金利や税制、経済政策など、家計に影響を与えそうな情報すべてです。

投資はもちろん、ポイントサイトや電子マネー、値引き情報などにも敏感にアンテナを張っています。申請すればもらえる補助金・助成金なども、当てはまるものがあればすぐに申し込みます。

これらの情報を知り、金銭面で有利な選択ができれば、それは家族の幸せにつながると考えているからです。

法律の知識は、自分が不利にならないよう、リスクを避けるためです。たとえば仕事上のトラブルだけでなく近隣とのもめ事などでも、法律を知っていれば自分が不利な条件を飲まされるリスクを軽減できます。

私が他人とのトラブルを気にせず強い態度でいられるのは、どういう場面で訴えられ、どういう材料があれば訴訟に勝てるか、負けるかをある程度判断できるからです。

そういう**最悪の局面を知っていれば、たいていのことは何らかの対処法があることがわかり、知っているからこそ他人と争うことへの恐怖感がなくなります。**

ちょうどこの原稿を書いているタイミングで、ある企業に対して訴訟を起こしましたが、煮え湯を飲まされたまま泣き寝入りすることも避けられます。

◉すべてのベースは「命と健康」にある

特に40代を迎えた現在、健康の知識はきわめて重要だと考えています。健康だからこそいろいろチャレンジできるし人生をたのしめるからです。

逆に**健康を損なえば、できることが大きく制限されます。**たとえば糖尿病が悪化して人工透析が必要になれば、週3回、1回2～4時間程度の治療を一生受け続けなければならず、多くの時間、体力、お金が奪われることになります。通院だけでも大変だし、もはや長期の旅行なども不可能で、人生の質は著しく低下するでしょう。

だから身体の構造や病気になるメカニズムも含めて、健康に関する本をよく読んでいます。それに、正しい知識があれば「健康食品」「グルーミング商品」などのあまり意味がないものにお金を払うこともなくなります。

同時に、ケガや死亡事故に関するニュースもチェックします。これは命を落とすリスクを回避するためです。**「悲惨な事故だ、気の毒に」ではなく、つねに自分に置き換えてどう行動するかを分析する**ようにしています。

たとえば交差点で信号待ちをするときは、最前列ではなく人混みの少し後ろで待ちます。たまに交差点にクルマが突っ込んでくるというニュースを聞くからです。

私がスカイダイビングやスキューバダイビングをやらないのは、たまにそれで死亡するというニュースがあるからです。

川遊びや川岸でのキャンプをやらないのは、急な深みにはまって流される、上流の増水に気づかず流されるという事故が毎年絶えないからです。

雪山登山もやらないし、夏でも山に軽装で入ることは避けています。遭難して亡くなるというニュースや、救助ヘリを出動させて、あとで高額な救助費用を請求されるというニュースを見ているからです。

こうした知識を増やすにはやはりたくさんの本・文献、ウェブの記事などを読むことです。こういう作業は、人と会ったり話したりしているときはできませんから、ひとり孤独に黙々とやることになります。

そしてこの経済・法律・健康という3分野の知識をがっちり固めることで、人生に対する不安はほとんどなくなりました。

◉情報の洪水に溺れない

一方、こうしたこと以外の情報はスルーしています。たとえばスポーツや芸能関係などは、知らなくても困らないし、不安になったり自分が不利になったりするような影響はないからです。同じように政治劇のニュースはスルーして、政策だけをウォッチしています。

たとえば憲法9条が改正されたとしても、自分は自衛隊員ではないから影響はほとんどない。むしろ北朝鮮や中国などのリスクに対応しやすくなるはず。

共謀罪法案が成立し、仮に自分のプライバシーがのぞかれたとしても、誰かに見られて困るような情報は持っていないしそんな会話もしない。

配偶者控除がどう変わったとしても、わが家はもともと控除対象配偶者ではないので関係ない。

このように情報に対する自分独自の取捨選別基準を持てば、必要な情報は得られる一方、膨大な情報に振り回されるということもなくなります。

その基準は当然ながら人によって異なりますが、「何を目指して生きたいのか」「どういう人生の展開を考えているのか」がフィルターとなり、その情報によって自分の人生が構築されていくことに敏感になっておきたいものです。

26

「ヤバイ」「かわいい」をやめる

やめられない人

不安や悩みを言葉にできず、問題を解決できない。

やめられた人

言葉の選択肢が増えて、人生の選択肢も増える。

●なぜ語彙が増えれば「不安」が減るのか？

孤独を恐れる人はあまり本を読みません。家に帰ればすぐにテレビをつける、スマホを取り出しＳＮＳやソーシャルゲームにふける、誰かに電話をかけて長電話するといった具合に、つねに誰かと一緒、誰かとつながっていることを求めようとするからです。

本を読むことを推奨する理由は、繰り返しになりますが、たくさんの本を読んで世の中のルールや仕組みを知れば知るほど不安は消え、希望が宿るからです。知識があればその不安を解消し、壁を乗り越える方法がわかってくるからです。

もうひとつの理由は、**語彙の多さと幸福感には相関関係があり、語彙が豊富であればあるほど、幸福を感じやすい**からです。

言葉は自分が思考するときのベースです。「これはこういうことかな」「こうしたらいいかな」などと自分の頭の中で考える思考の深さに影響します。

そんなとき、語彙が貧弱であれば、考えるときに表現できる範囲も小さく狭くなります。それでは多種多様な状況に対応する思考を深く緻密に掘り下げることができません。つまり考えが浅くなる。

逆に、使える語彙が増えれば増えるほど、思考して説明できる範囲が広がり、さまざまな事象や感情に対処できるようになるのです。

つまり**言葉のセンスが鋭ければ、より自分の思ったとおりに生きている実感につながるわけで、そのセンスを磨く有力な方法のひとつが読書**なのです。

子どもであっても、よく本を読んでいる人のほうがどこか大人びた印象があるのは、自分と社会を理解するための語彙や表現が豊富なため、いろいろなことを受け入れることができているからではないでしょうか。

たとえば悩みや困った状況も、親に正確に説明できれば、適切な助言や支援を受けられるでしょう。「なんでわかってくれないの！」「わかってくれないならもういい！」などとすねる場面も減り、情緒的な安定にもつながるはずです。

あるいは学校の先生の言うことも、「そういう意図があるんだろうな」と解釈して反発心を抑えたり、「なぜあの男子はわたしにちょっかい出してくるのか」を推測して納得したり、**語彙が豊富であれば、それを自分の枠組みに当てはめて理解することができる**。それは子どもながらに心の安定を獲得していると言えます。

◉語彙が豊富であれば、感情を処理しやすくなる

そもそもなぜ、語彙の豊富さが幸福につながるのでしょうか？

語彙が多ければ、自分の感情を自分の内部で的確な表現で言語化することができます。そのため、感情を処理しやすくなるからです。

たとえば不安や葛藤、なんとなく感じる閉塞感といったあいまいな感情の動きでさえ、論理的に言語化できるならば、「いま自分が感じている不安はこうである」と特定することができます。

特定できれば「こうしてみよう」と解決方法に向かうことができるし、「ではこのようにとらえてはどうか」など意味合いを変えて不安を解消させることもできる。あるいは「そういうことだよな」と自分で納得することもできます。それは自分の状態や感情をより快適にしていく作業にほかなりません。

しかし**自分の悩みを言語化できなければ、「悩みの原因はこれである」と特定できません**。原因がぼんやりしていればどうしていいかもわからず、悩みは悶々と続くことになります。

「自分では一生懸命努力しているつもりなのに、何もかもうまくいかない。どうしても生きることがつらく、しんどい」と感じている人は、自分の感情を言語化できていない、つまり自分をよく理解し表現できていないからです。

私たちは言葉で世界を認識し、言葉で自分を認識します。だからこそ、「言葉にできる」能力は非常に重要であり、「言葉にできない」人との幸福度には大きな差ができるのです。

◉言語化能力は心の安定を生む

特に若い世代ほど、正確に言語化することを面倒くさがる人が多いようです。

たとえば「ヤバイ」という言葉がありますが、文字どおりの「ピンチである」というだけでなく、「おもしろい」「かわいい」「すごい」「おいしい」「たのしい」という意味でも使われます。さらには「くだらない」「どうしようもない」という正反対の意味でも使える便利なフレーズです。

しかし、ある意味、他人に対しては「このシチュエーションで意味を汲んでよ」という、外部に理解を丸投げする行為です。自分に対しては、細かな感情を受け止める面倒くささから逃げていることです。いずれにせよ、表現力が高まることはありません。

大人になってからも、「ヤバイ」に限らず「ビミョー」とか、流行りの短縮表現や便利なフレーズばかり使っていると、不安や悩みを言語化できず、自分の中で納得したり解決策を考えたりできない。

若者世代のほうが悩みが多いのは、単に人生経験の少なさだけでなく、語彙が少ないことも理由としてあるのかもしれません。

◉語彙力はコミュニケーション力である

当然ながら、言葉は人とのコミュニケーションの道具でもあります。

他人と仲良くする、人を動かす、自分をわかってもらうにも、言葉の力が必要です。

そんなとき、**表現方法が多ければ多いほど、自分の思いを的確に伝えられます**。上手な言い換えや比喩を使って相手の腹に落ちれば、自分の思ったとおりに動いてくれる可能性が高まります。トラブルになるリスクも下げられる。

一方、少ない言葉では相手が理解できず、動いてもらいにくい。言葉のアヤで険悪になるかもしれない。それでは不満がたまるでしょう。

また、相手が受け止めやすい表現に変換することができないと、思ったことをそのままばさっと発してしまい、角が立って人間関係につまずくことになります。

本来、思ったことは思ったとしても、相手が言ってほしいように、相手が理解や納得をしやすいように、言い方を工夫してきれいにラッピングして渡すものです。しかし、**そんな表現を持たないから地雷を踏んだりして相手を怒らせてしまう**わけです。

つまり、語彙力や文章の組み立て能力が低い人ほど、相手の言うことを的確に理解できず、さらに自分の思いもうまく言葉で表現しきれず、そのもどかしさにイライラして「キレ」やすくなるのです。

その典型的なセリフが「ごちゃごちゃうるせー」とか、「あーもーめんどくせー」「もーどーでもいー」「かんけーねー」などでしょう。

そしてそれは、人を罵倒するときのセリフにもよく表れます。語彙が少ないと、相手をなじる表現も稚拙です。せいぜいウルセー、バカヤロー、テメーコノヤロー、ブス、デブ、ハゲ、クソったれ、くらいでしょうか。


しかし語彙があれば、他人を徹底的にののしる言葉を思いつきます。

「成熟した大人が言うセリフとは思えないですね」

「残念な頭脳からは残念な発想しか出てこないものですね」

……と口に出しては言わないまでも、スカッとするでしょう。

◉自分が使う言葉はそのまま自分の人生になる

世の中にはポジティブな言葉やネガティブな言葉があり、どの言葉を選び発するかは、本人の自由です。特に言論の自由がかなり保障されている日本では、差別用語以外はどんな言葉を使ってもいい。

そして**どんな言葉であっても、それはその言葉を発した本人が選択しているわけで、その言葉によって周囲の反応が変わり、自分の人生を形成します。**

ポジティブな言葉を中心に使えば、物事をポジティブにとらえようとするし、似たような発想の人が集まってきます。ネガティブな言葉を中心に使えば、やはり物事をネガティブにとらえ、同じような発想の人が集まってくる。それは自分の人生の方向性を決めることになります。

つまり**言葉の選択とは、何を中心に自分の生き方を展開していきたいかを考えること**。どういう言葉を使って生きるのか、その選択がこれからの自分自身、そして自分の人生をつくっていくわけです。

だから、「こういう表現があるのか」「自分に起きていることは、この言葉で説明できるんだ」というストックを増やしていくことです。**言葉の選択肢が増えれば、人生の選択肢も増える**からです。

ときどき、「敬語はあまり習っていないので苦手なんです」という人に遭遇することがあります。しかし、本当は、自分の中に相手に対して敬意を払おうという気持ちがないだけなのです。

人に敬意を払おうという気持ちがあれば、周囲の人が使う言葉や表現を敏感になって聞き、それをまねてみるなどして、自然に身につくものだからです。

習っていないから、教わっていないから使えないという人は、もともとそこに興味がないだけ。**言葉とは「その人」そのもの**なのです。

◉本を読まない人間は知的に怠惰である

また、「怠惰な人間の部屋には本がない」という話を何かの本で読み、たしかに当たっているなと妙に納得した記憶があります。

本を読むと、自分が生きている日常の外側には、広大な世界が広がっていて、いろんな生き方や考え方があるのだと気づきを得られます。

しかし、自分の人生には無限の選択肢があることを知らなければ、どんな場面でどの選択肢を選べば有利になるか、あるいはリスクを避けられるか、そういう発想すら出てこないでしょう。

そんな人が、マンガやドラマに出てくる職人のように「俺は不器用だからこういう生き方しかできないんだ」などと、自ら狭い枠の中に凝り固まってしまうのです。

もちろん、ほかの生き方を知らないがゆえに余計なあがきをしない分、幸せではないかというとらえ方もあるかもしれません。

しかし**せっかく選べるのに、わざわざその選択肢を捨てるというのは、実にもったいない**と思わないでしょうか。

27

「自分の思考にこだわる」のをやめる

やめられない人

過去の経験をなつかしがるだけ。

やめられた人

過去の経験に意味づけができ、未来に向かえる。

◉本を読んで自分の過去の意味づけをし、自分の未来に活かす

私は自分が書き手だからという理由だけではなく、そもそも読書が好きです。

以前は、未知の世界や考え方を知るワクワク感、知的好奇心が満たされる満足感が気に入っていました。しかし、ほぼ自分の望む通りの生活を手に入れ、不安や不満の解消を自力でできるようになった昨今は、**知識を得ることそのものではなく、本に書いてあることを自分の経験に置き換えて意味づけをする作業**に充足感を覚えます。

最近の例では、前述のとおり息子に発達障害の可能性があることを医師に指摘され、発達心理学の本を読んだときです。

幼少期の接し方について読んでいたら、ふと自分の親がしてくれたことを思い出しました。そして本から目を離して顔を上げ、こんなことを考えたのです。

母親は、私の言うことは何でも受け入れてくれ、尊重してくれた。自分は自分で決めたようにしていいんだ、という安心感があった。それがいまの自分の情緒が安定している基盤になっている。

中学校にあがるくらいの時期に父親に反抗するようになった。それは進学を巡って、父親の価値観を自分に押しつけようとしたからだ。だから私は親の価値観から脱却し、自分の価値観で生きたいともがき、それが反抗という形で表出したんだろう。

母親は、私のそんな感情も受け入れ、共感してくれた。裕福ではなかったにもかかわらず、欲しいものは何でも買ってくれた。もちろん父親にはこっそりとだったと思うけど、子どもが3人もいて、いま思えば家計的には相当苦しかったはずだ。

私がやりたいことに対して絶対にNOとは言わず、私に何も押しつけない母親の存在が、私にとっての唯一の救いであり、いま思えばすばらしい教育だった。

そして父親も結局は、言うことを聞かず会話もしようとしない自分を、潰そうとか抑え込もうとかせず、黙って見守ってくれるようになった（単にさじを投げただけかもしれないが）。私への用事や心配があれば、直接ではなく母を通じて伝えるという関係が、私が高校を卒業するまで続いた。

そして私は高校卒業と同時に家を飛び出し、東京に行った。

形は違っても、両親は自分を愛してくれて、大事にしてくれてたんだ、といまならわかる。だから自分も、そういう全幅の安心感を子どもに感じてもらうよう、愛情いっぱい注いで育てよう。学習障害への対応はあとでもいい。

……などと考えにふけり、30分くらいぼーっとしていました。

次の瞬間、本を持ったまま宙を見続ける私を、カフェの店員がけげんそうな表情で通り過ぎたのに気づきました。

◉著者の思考の枠組みで自分の経験を見直す

すこし長くなってしまいましたが、何が言いたいかというと、自分の経験は単なる経験に過ぎないのだけれど、本で知った著者の思考の枠組みを通して、自分の経験を見つめ直すことができる。そこから教訓や反省、未来への示唆をたくさん引き出すことができるということです。

もし私が発達心理学の本を読んで自分の過去を思い出さなければ、親が自分に与えてくれたものの大きさをこれほど感じることはなかったかもしれません。親との関係が学びではなく、ただの思い出で終わっていたと思います。

体験を単なる体験で終わらせない。思い出を単なるなつかしい記憶で終わらせない。自分が経験してきたこと、人生の中でぶつかってきた壁や逆境には、必ず意味がある。

経験を意味づけし、自分の未来に前向きな力へと変換できるのは、いままでの自分が持っていなかった思考の枠組みや認識のパターンを得たからであり、それこそ読書の大きな魅力のひとつだと思います。

28
「変化を恐れる」のをやめる

やめられない人
取り返しがつかなくなって後悔する。

やめられた人
後悔しない生き方ができる。

◉「自分ならどうするか？」を疑似体験する読書

何も難しい実務書や理論書だけがおすすめというわけではなく、たとえば小説やライトノベルであっても、実生活ではとても遭遇しないような場面で「自分ならどうするか」を考えることによって、**複数の人生を歩むかのごとく、重層的な思考が形成されます。**

登場人物に感情移入しながら読むことで疑似体験し、それを自分に置き換えて読むことで、後悔を避ける生き方にもつながります。

たとえば昨今増えていると言われる、生涯未婚。

もちろん自らの意志で積極的に独身を選ぶのは問題ありません。ひとりのほうが気楽だし、好みじゃない人と無理に結婚したくない、というのも当然だと思います。

しかし自分の価値観は変わっていくので、未来の自分の心理を想像し、それでも納得できるのか、覚悟しておくことが必要です。

特に女性でよく聞くのが、仕事をがんばっていて気がついたらまだ独身で、老後が不安になって焦り始めるものの、すでに婚期や出産適齢期を逃していた、というパターンです。

若いころは、たとえば20代後半で結婚し、30代前半には2人の子どもに恵まれているはずだったのに、もうアラフォー。こんなはずじゃなかったのに……。やっぱり結婚しておけばよかった、やっぱり子どもをつくっておけばよかった……という後悔をする人も少なくないようです。

このような**「気がついたらひとり」というのは、その途中では人生の選択肢について何も考えずに生きてきたということ**ですから、あとで後悔しやすいのです。

仮に「ひとりで生きていく」と決めたとしても、親の老後、自分の老後、自分が働けなくなったときのことも想定して対策を打っておきたいものです。

独身で子どももおらず、やりたいことができる自由。しかしもし、それらをやり尽くしたと感じるときや、それらをたのしいと思えなくなったときが来るかもしれないという可能性を想像してみる。

自分が老後を迎えて両親とも死別し完全にひとりになったとき、助け合える人間関係づくりが自分のコミュニケーション能力でできるのか、ということを想像してみる。

女性の出産のように適齢期があり、あとからやり直しがきかないものは、できる限り想像力を働かせて、**加齢によって自分の価値観が変わっていくことさえ予測し、根**

拠と覚悟を持って決断する必要があります。

◉「他人の後悔」を先に知っておく

もちろん、自分の価値観がどう変わっていくかなんてわかりません。だから、たくさんの本を読み、たくさんの人の話を聞き、「先人がしてきた後悔」「自分とは違う人の人生」を先に知っておくことです。

たとえば青春は短いとか、高校のときにもっと遊んでおけばよかったとか、よくある後悔があります。それも当たり前のようでいて、渦中にいるときにはピンとこないものです。

だからこそ、**他人の生き方や後悔を自分に置き換えて考えられる想像力がモノを言うわけで、それを支援してくれる方法のひとつが読書**なのです。

◉情報を仕入れるよりも大事なのは「加工する切り口」

本はたくさん読めばいいというものではなく、インプットの量が多ければアウトプットの質が良くなるわけでもありません。

多種多様な情報に触れれば価値あるアウトプットができるというなら、多忙なビジネスパーソンよりも、毎日新聞を丹念に読んでいてテレビの視聴時間も長い高齢者のほうが優れているはずですが、実際はそうではない。**いくら情報を仕入れても、自分の中で加工しなければ価値を持たせることはできません。**逆にインプットの量が少なくても、そこからどんな意味を引き出せるかによって、バリューを生み出すことが可能です。

たとえばかつては、掘り出した原油からは、ガソリンを始め数種類の原料しか抽出できず、あとは捨てていた時代がありました。

しかし精製技術が発達した現代では、プラスチックや樹脂、ゴムなどさまざまな素材に分離させることができ、ほとんどの成分を使い切れるようになっています。

レジ袋も、昔は捨てていた原油の成分を使ってつくられているので、むしろ資源の有効活用になっていると言えます（だからレジ袋を減らそうという動きによってレジ袋の生産量が制限されると、有効活用されていた原油のカスを捨てることになり、それが果たして環境のためになるのか、という議論もあるくらいです）。

つまり精製技術の向上により、同じ原油から多くの副産物を得られるようになったのです。

これは情報も同じです。情報を洞察・加工・編集・教訓化する技術を向上させれば、書かれている言葉以外にもたくさんの副産物を得ることができるということです。

未熟な自分ではひとつの情報から少しの意味、少しの示唆しか導けなかったのが、**思考のレベルが上がれば、もっとたくさんの意味を引き出すことができる**ようになる。

ここで言う**思考レベルとは、情報を切る視点の多さ**です。

たとえば消費者の視点だけではなく、供給者の視点も持つ。男性目線だけではなく女性目線も持つ。大人と子ども、学生と社会人、日本人と外国人、国民と為政者などなど、ひとつの情報からでもさまざまな切り口で取り出すことができれば、それぞれに違った意味を与えることができます。

29

「自分と同じ価値観の本を読む」のをやめる

やめられない人

外野から何か言われてブレてしまう。

やめられた人

自分の判断を支える根拠がより強くなる。

◉自分とは違う価値観を取り入れる

本を読むことの効用のひとつに、**自分が持つ思考のレイヤーや判断軸をレベルアップさせられること**が挙げられます（娯楽としての読書は除きます）。そのためには、自分とは違う主義主張・価値観を自分の中に取り入れることです。

たとえば最近、『わたしが子どもをもたない理由』（下重暁子、かんき出版）という本を読んだのですが、そこには、著者が子どもを持たない理由や、女性は子どもを産むべきという社会的な圧力への疑問、さらには子を持とうとする人の理由に対する考察などが書かれていました。

私はそれを読みながら、自分なりに子どもを持つにいたった判断の根拠を振り返り、「やっぱり子どもはすばらしい」とより強く思えるようになりました。

私自身は孤独への耐性が強いほうだと認識しているので、寂しいから子どもを持ったわけではありません。また、「結婚したら子を持つのが当たり前」などという思い込みも常識もありませんし、周囲からの圧力や社会的な風潮で判断したわけでもありません。子孫をつくって血縁を途絶えさせてはならないとか、自分の分身が欲しいなどと思ったこともありません。

◉子どもを持つ理由、持たない理由

私が子どもを持つ理由は、純粋にたのしいからです。ただ自分がたのしみたい、それだけ。

赤ちゃんのときはペットを飼っている感覚でかわいいし、成長して親の呼びかけに反応しはじめ、できることが増えていくのを見るのもたのしい。家族で遊園地や動物園に行き、はしゃぐ子を見るのは何とも言えない幸福感を感じます。

それに多くの場合、親孝行にもなります。自分たち以上に子の誕生や成長を喜んでくれるのは祖父母だったりするので、孫の顔を見せに帰省し、そこでにぎやかに過ごすのもまた、たのしい行事のひとつになっています。

「子どもがいると不自由」という声もあります。たしかにその側面はありますし、私もそう感じたことはあります。

しかし、子どもが保育園に行くようになってからは、時間も行動範囲もお金も、制約があるという実感はなくなりました。

「保育園に入ることができれば」という前提条件はつきますが、子どもがいるから我慢するという発想もなく、子どもがいても一緒に海外旅行に出かけます。子どもが保育園に行っている昼間に、夫婦で豪華ランチをたのしむこともあります。

もちろん夜の外出は控えるなど子ども優先の生活になりますが、自分のことを差し置いてでも子どものために何かしてあげたいと思える感覚は、**自己犠牲的でも何でもなく、「好きな人のためにしてあげたい」**のと同じ感情です。

「やりたいことがたくさんあるから子育てに費やす時間はない」という人もいますが、**子どもがいるとタイムマネジメントがむしろうまくなり、同じ時間でやれることは増えている**実感があります。

たとえばワーキングマザーは、限られた時間の中で、家事と育児の段取り、優先順位づけ、やるかやらないか、どこまで手を抜くか、自分でやるかアウトソースするか、さまざまな選択肢の中から判断しようとします。しかし子どもがいないと、そこまで必死には考えないでしょう。

子育てにはお金がかかるから、子どもを持つのは難しいと考えている人もいるようです。たしかに多少はかかりますが、小さいうちは微々たるものですから、**児童手当の範囲内でほとんど賄《まかな》えます**。進学するようになっても公立校であればさほどではありません。その程度の出費よりも、子育てで得られるたのしさのほうが数倍勝ります。

それに私の妻は、子どもができてからのほうがさらに収入が増えました。「ママタレ」のように、子を持ってこそ語れる分野が増えたからというのもあるでしょう。どっしりと落ち着きが出てきたのもプラス効果だと思います。

私自身では、子どもの教育関連の本をいろいろ読むのもたのしくなってきました。そうやって自分の学習テーマが増えることも、知的好奇心が刺激されてワクワクします。

「激変する環境や不透明な社会状況の中で、子どもの将来が不安だし、無責任に子どもを持つことはできない」という声もあります。

しかしどんな環境でも、**多少は子育てに手を抜いたって子どもは育つもの**です。紛争がある国とは違い、とりあえず日本であれば社会情勢によって子どもが不幸になることはないし、立派な親にならねばなどと肩肘はる必要もありません。

子どもを持つ責任とか、子育てはこういうもの、親になったらこうしなければならない、などという先入観があるのでしょうか。**そういう人は、子どもを持つことに対して難しく考えすぎ**なんだろうと思います。

◉刷り込まれた価値観を疑う

もちろんこれは子どもを持たない人を批判しているわけでもなく、子どもを持つことが万人にとって最高だと言っているわけでもありません。

いろんな親子関係・家族関係があっていいのだから、自分は自分で理想的な生き方をすればいい。

しかしもし、刷り込まれた世間の固定観念や先入観、根拠のない不安にとらわれて躊躇しているとしたら、それはとってももったいないということです。

そして私はなぜ子どもが欲しいのか、自分の心の奥を深くさぐっていくと、さらに見えてくるものがあります。

おそらく、**何の利害関係も見返りも求めず、純粋に愛情を注ぐ対象が欲しい、自分の愛情が伝わっている実感が欲しいから子どもが欲しい**のだと思います。あるいは自分が相手に愛情を注いでいるという満足感を得たいようにも思います。

単なる自己満足の部分もありますが、独身女性がネコを飼ったりするのも、癒しという理由だけでなく、守る対象が欲しいとか、自分が存在してこそ保たれる命があるという支配感が欲しいのかもしれない。

あるいは**かつて「たまごっち」が流行ったように、人間には「育てたい」という欲求があり、育つ姿を見るのは喜びという本能を持っている**のかもしれません。ならば自分はその本能に従って行動しているわけで、本能に従って生きていいだなんて、それはつまり「自由」に生きているということでもあります。

とはいえこの感情は、赤の他人には向かわないような気がします。おそらく、その**愛情を長い期間をかけて蓄積していくという歴史が欲しい**からだと思います。

養子は別ですが、他人の子どもで、なおかつたまにしか会わない関係だと、歴史が積み重なっていくという実感がない。それは非常に断片的で、私には愛情を注ぐ相手としてのモチベーションが湧かないのです。

かといって、血縁にこだわるつもりはなく、「家族なんだから」などと依存したり老後の世話をしてもらおうなどとも思っていません。わが家では子どもが成人したら家を追い出し、自分で生きていけと突き放すつもりです。

子は親の履歴書と言われ、たしかにそういう側面もあるけれども、子は親とは違う。成人すれば自分で生き方を選べるんだから、以後の人生にはもう親は関係ない。助言を求められれば拒否はしないけれども、決めるのは本人。**子には子の人生があり、親である私たちには私たちの人生がある。**

そうやって子育てに対する先入観を外して楽観的に考えれば、これほどたのしい娯楽はありません。**子育てを夫婦共通の趣味**ととらえれば、子はかすがいではないですが、相互に協力し合え、良い夫婦関係が続く材料にもなるのではないでしょうか（たぶん）。

◉自分の生き方に自信が持てる読書術

こういうふうに、著者の価値観や著者が指摘している懸念・不安・リスクなどに対して、「なぜ自分は著者とは違う意思決定をし、違う行動をしたのか」と振り返れば、「だから自分はこうしたんだ」と自分の判断を支える根拠がより強くなります。

すると、**自分の選択や生き方に自信が持て、見えない社会の圧力や風潮をスルーできるし、外野から何かを言われてもブレることなく堂々としていられます。**

ただ自分の考えとは違うからと、気に入らないからと反発するだけでは、本を読む意味はまったくないでしょう。

とはいえ世の中にはこういう人はたくさんいて、オンライン書店のレビューやブログなどの書評を見ても、他人の著作をあれこれ酷評している人に遭遇します。

彼らはそうやって「自分は本から学べない学習能力の低い人間です」「自分の頭はカチンコチンで異なる価値観を受け入れられない器の小さな人間です」と自ら証明しているわけで、かなり恥ずかしい行為だと思うのですが、本人はそれすら気づいていないのでしょう。

わが家でも、「本に限らず他人の否定や非難はやめよう、もし不満があるなら分析をしよう」といつも話しています。

たとえば「あの人の問題点はこれである、だからこうすればもっと良い結果になるはずだ」「著者はこのようなことを言うけれど、おそらくこういう理由があるのだろう」という発想です。

第6章

家族

30 「相手に幸せにしてもらう」をやめる

やめられない人

良い人にめぐり逢えず、良い関係も築けない。

やめられた人

相手と良い関係を築ける。

◉孤独力が高ければ結婚はうまくいく

孤独力の高い男女のカップルのほうが、結婚生活もうまくいくというのが私の考えです。

ひとりで過ごすことの心地よさを知っている人は、他人と一緒の時間も心地よく過ごすことができます。

それは相手への理解と配慮と寛容さにつながり、お互いにとって快適な距離感をつくり出すからです。

自分と違う価値観があっていい。自分とは違う生き方があっていい。だから自分の都合で相手の空間に近づきすぎないし、距離を置きすぎることもない。

他人に干渉すれば自分も干渉されることがわかっているし、他人の価値観を認めることができるため、誰かに安易に干渉するなど他人の領域にずかずか踏み込んだりはしないのです。

自分のプライベートな時間、プライベートな空間も大切であるとわかっているからこそ、相手のそれへも配慮できる。これは、孤独をたのしめる人だけが獲得できる境地です。

◉孤独を恐れる人は相手に一体感を強要して関係を損ねる

しかし孤独を恐れる人ほど他人との距離感に鈍感で、他者に不寛容になりがちです。孤独が豊かな時間をもたらしてくれるという認識がないので、**自分の価値観で相手の私的空間にもずけずけと足を踏み込みます。**

メッセージを送って既読スルーされたら「なんで返事しないの！」と怒り出すような人も典型例です。相手には相手の都合があり、忙しくて返事ができない状況もあるということを想像することができません。

それでは相手は不愉快になるでしょうし、「もう、面倒くさい人だなあ」と思ってしまうでしょう。

また、「自分は自分、相手は相手」と多様性を認めることができないので、恋人や配偶者に、心理的一体感を求めようとします。

そのため、相手が自分の思うような言動をとらないとき、「夫婦なのにわかってくれない、親子なのにわかってくれない、恋人なのにわかってくれない」などという不満になります。

「なんでしてくれないの」「なんでわかってくれないの」という人には、相手は自分の気持ちを察するべきだという傲慢さがあるわけですが、相手は超能力者ではないのですから、それではケンカが増えてしまうでしょう。

◉孤独力があれば結婚しても自由を失わない

家族がいると不自由になると考える人もいると思いますが、私はむしろ逆に、**ひとりでいたいときはひとりになれるし、一緒にいたいときは一緒にいられる、それが選べる結婚はむしろライフスタイルの選択肢が広がる**と感じます。

たとえば私たち夫婦はそれぞれ仕事を持っていて、趣味も違います。だから普段は別々に過ごしています。とはいえ、共同でやっている仕事もあるので、よく一緒に議論します。

また、家事はある程度役割分担が決まっていますが、子育てはお互いにスケジュールを共有しながら協力し合っています。

どちらかが仕事で忙しいとか風邪をひいて寝込んだりしたときは、もう片方がサポートできるなど、自分ひとりでは限界があることでも助け合える。

夜はいつも家族団らんというわけではなく、私がアニメを見ているときに妻が仕事をしていることもあれば、私が書斎にこもっているとき妻は子どもと食事をしている、ということもある。

つまり**夫婦であっても、それぞれ別の世界を持つことができるし、一緒に協力することもできるわけで、これは独身にはない長所**です。

もちろんさまざまな家族の関係があるし、私たち夫婦はともに自営業だからできているという側面はあります。

また、結婚イコール幸せという人ばかりではないことも知っています。しかし、不幸な夫婦関係になるにはやはり原因があるわけで、その原因を特定し解決方法を導くには、自分の言動をじっくり振り返る内省作業が欠かせません。

たとえば前述の**「なんでわかってくれないの」という不満を感じたときは、「そういえば自分はわかってもらうために、具体的にどんな努力をどのくらいしただろうか」と振り返る**。

そして、どう言えば伝わるかを考える。そこでたとえば「そういう対応をされるととても傷つくので、こうしてくれるとうれしい」という言い方はどうだろう。そして実際に言ってみて相手の反応を観察し、次につなげる。

そうやって、自分のどういう対応が問題解決に貢献するか、自らの関わり方を調整し続けることです。

◉自立できていない人は、同じく自立できていない異性を引き寄せる

ひとりは寂しいから、その寂しさを紛らわせるために恋愛したり結婚したりするのは、よけいに孤独を感じることになります。

孤独に耐えられない人は自己肯定感が低く自立できていないわけで、そんな人同士のカップルは、お互いに依存しあう関係となります。

特に男性で多いのは、説教・命令・オラオラ系のモラハラタイプによく見られます。彼らは自分に自信がないため、自分より弱い存在を従えることで自己有能感を得ようとするからです。

優秀な人の中にいると相対的に自分は落ちこぼれとなって自信を失いがちですが、自分よりダメな集団の中にいれば、相対的に自分は優秀となります。いわゆる対比効果による自信です。

だから自分より弱い人を従え支配すれば、自分は強い存在だという自信を持てるわ

けです。

逆にこういう人は、自己肯定感が高く自立した女性には近づかないし、そもそも近づけません。**彼らは凛とした女性を目の前にしたとき、自分ではこの人を支配できないと本能的に悟り、及び腰になる**からです。

自分よりも自立した相手と一緒にいると、自分がひどくちっぽけで無能な存在に思え、そう感じる恐怖感が、避けるという行動につながります。

一方で、自立できていない自己肯定感の低い女性を目の前にすると俄然自信が出てきて、猛アプローチをかけるのです。

女性側も、自己肯定感の低い人に限って、こういうモラハラ男性を頼もしく感じてしまいます。彼女たちは、自分が必要とされている、自分に存在価値があると確認できるという心理的満足感が欲しくて、相手が虚勢を張っていることを見抜けません。

こうして、いつも同じような男性が近寄ってきて、いつも同じような男性を好きになり苦労させられるわけですが、いわゆる共依存の関係であり、実は相性が良いのです。

こういう負のスパイラルから抜け出すには、繰り返しになりますが、**自分がなぜそういう男性を求めるのか、あるいはなぜそういう男性からアプローチされるのか、自分自身の中にある原因を掘り下げて分析すること**です。原因がわかれば対策が打てるからです。

そして、いままでつきあった人の人格パターンと行動パターンを整理しておく。さらに、相手の優しさや強引さに舞い上がってしまうのではなく、「この人はいったいどういう人物なのか」と相手の観察を怠らないことです。

◉相手に幸せにしてもらおうと思わない

一方、なかなか結婚できないという人は、相手に幸せにしてもらおうという欲があり、それが相手には危険信号と映り、避けられる傾向があります。

たとえば以前、40歳手前で絶賛婚活中の女性がいたのですが、彼女は相手に年収1500万円以上、ルックスもそれなりのレベルを求めているそうで、やはり結婚には至っていません。スペックで相手を選ぼうとすると、当然相手からも自分のスペックを要求されます。

もちろん相手の収入が多いに越したことはありません。それに年収が高い人は能力が高いわけで、イコール生き残る力が強いということですから、そういう男性を好むのは、ある意味女性の生存本能かもしれません。

しかし**何が何でも高年収というのは、どこかに相手のお金を使って幸せになろうという自己中心的な発想を内包している**可能性があります。

他人のお金を使って自分が豊かになろうという依存心の強い女性は、まともな相手であればなおさら敏感に感じて引かれてしまうでしょう。

特に人は、年齢を重ねて経験を積むと、いろいろな属性を見てしまうものです。学生結婚の人には思いつきもしなかった、相手の勤務先や立場、貯金や収入などをつい気にしてしまう。

しかし、職業や立場と結婚するわけではありませんから、相手が期待どおりではなくなったときに不幸になります。

たとえば会社経営者と結婚して経済的に安泰だと思っていたら、夫の会社が倒産して一文無しになった、という話はよく聞きます。

そこで妻の愚痴が、自分はこんな状況になって不幸だ、自分はかわいそうな存在だ、というもの。もはや自分のことしか見ておらず、一緒に乗り越えようという発想がない自己中心ぶりは、むしろ旦那さんのほうが気の毒です。

女性はむしろ、**自分のほうからこの人を幸せにしたいとか、どんな状況でも二人協力してがんばっていこうと思える人を相手に選んだほうがいい**ような気がします。

31 「結婚を損得でとらえる」のをやめる

やめられない人

まともな異性に出会えない。

やめられた人

与える姿勢で幸せを手にする。

◉「収入が少ないと結婚できない」という誤解

男性側に多い勘違いは、「貯金や収入が少ないから結婚できない」という考えです。仮にそれを条件に自分を選ばない女性がいたとしても、男性を支えよう、助け合おうという意志がない人ですから、そんなリスクの高い結婚を避けられたととらえればよいでしょう。

男性は本能的に、女性には母性的な温もりを求めるものですが、女性は自分を大切にしてくれる人を求めます。もちろん収入がどうでもいいということではありませんが、お金よりも大切なのは、女性に対する思いやりや気配りの心です。

だから**「結婚したら自分のお金や時間が自由に使えなくなる」という自分中心の発想を持っている人には、まともな女性が近寄って来ることはありません。**

そして女性が男性に魅力を感じるもうひとつの要素は、物事に真剣に取り組む姿です。多くの人が夢も目標も打ち込めるものもなく、不完全燃焼感にくすぶっていますから、**何かに夢中になって努力している人はキラキラ輝いて見える**ものです。

特に30歳を過ぎてからは、生き方が表情ににじみ出てくるもの。**精神的に自律した女性は、容姿の美醜よりも「顔つき」で将来性がある男性かどうかを見抜きます。**

反対に、テキトーに手を抜いたり、すぐに諦めたり愚痴を言ったりする男は、狩りをする能力や家族を守ろうとする意識が低いことを意味します。それはつまり生存能力が低い人間であるということで、女性も本能的に避けるのです。

◉「結婚にメリットを感じられないから結婚しない」という人は人間関係が浅い

あえて結婚しない人たちの意見で代表的なものが、「メリットを感じられないから」という理由です。**結婚を損得でとらえようとする人は、何か相手から受け取ることを期待している**のでしょうか。

しかし結婚の土台は、相手に対する愛情、尊敬、尊重という、むしろ自分のほうから与える感情なので、そういう「ＧＩＶＥ」の発想がない人は、結婚には向いていないと言えそうです。

たとえば親は損得勘定抜きに子どもを愛します。だから自分の小遣いがなくても、時間がなくても子どもに尽くそうとします。その献身的行為そのものに満たされた感情を抱きます。

これは大人同士でも同じく、恋愛をすれば、相手を大切にしたいという思いやりに満ちた豊かな感情を持つでしょう。**自分は相手を愛し、相手も同じように自分を愛してくれているという相互信頼にもとづく安心感や満足感。**

もちろん、ずっとそのような感情を抱き続けられるわけではないし、お互い違う環境で育ってきた違う人間同士なわけだから、一緒に暮らせばいろいろ不満も出るでしょう。相手に合わせたり我慢したりしなければならない場面もあります。

それでも、根底に愛情があればこそ許せることも多いし、よく話し合って着地点を見つけようとするはずです。

しかし、**「メリットがあるかどうか」という自分が得することにフォーカスしている人は、自分さえよければという発想が根底にあり、そういう人にはこの幸福感は実感しにくく、つきあっているときも実は心の中は空虚だったりします。**

心が空虚なため、相手のことを真剣に好きになれず、時には「自分は本当にこの人のことが好きなのだろうか」という疑念すら湧いてきます。

これもやはり、自分の本心と向き合えていない可能性があります。仮にひとりであってもつねにネットサーフィンやゲーム、ＳＮＳに浸っていたり、仕事が多忙過ぎるなどで内省の時間が足りていないのです。

独身よりも結婚している人のほうが年収が高いというデータがありますが、「与える姿勢」の有無から来ているのではないか、というのは考え過ぎでしょうか。

32 「お友達できた?」と聞くのをやめる

やめられない人 子どもの自我の成長を阻害する。

やめられた人 子どもの個性を尊重して育てられる。

◉子どもがひとりでいる意味

大人と同様、子どもにとっても、生活のどこかで孤独な時間を持つことが必要です。**子どもの孤独は、自分の内面へと向かい自分自身を発見するためには欠かせない条件であり、ひとりでいるときにしか起こらない心の成長がある**からです。

絶え間ない外部の刺激にさらされ続け、外界に反応することに多大なエネルギーを消費していると、内面との対話やそこから生じる想像力や創造性、経験を知恵に転換するといった成長を阻害し、それはやがて精神的に行き詰るようになります。

そのため、たとえば塾やお稽古事などで過密スケジュールが続くと、子どもの情緒が不安定になり、キレやすくなることがあります。

幼少期に自分と向き合う時間が少ないと、自分と他者、自分と外界との関係や距離感をうまくとらえられず、これまで述べたような孤独を巡るいろいろな問題が出て来ます。

芸能人でも、一世を風靡した子役が晩年に没落する傾向にあるのは、周囲は大人ばかりで年齢に応じた精神の成長が伴わなかったという理由のほか、芸能界という絶え間ない刺激に内省する余裕が与えられず、自分の方向性を自らの力でつかみ取る力をはぐくめなかったという理由もあるのではないでしょうか。

◉子どもにも「タイムアウト」が必要

自分と自分を取り巻く世界との統合や適切な認識をするには、自分の考えや判断基準を形成していくという内面的発達が必要です。それには、外界からの刺激を遮断する「タイムアウト」が欠かせません。

実際、幼い子どもたちは、ひとり黙々と遊ぶことがあります。

小さな子どもはまだ、外界の刺激から防御するより、旺盛な好奇心によって世の中を取り入れようとする時間のほうが長いのは確かです。

しかし、取り入れたものを自分の中でよく吟味するため、時々動きを止めてボーっとすることがあります。

そのとき脳は、受け取った刺激をえり分け、並べ替え、新しいパターンとして認識します。それは意識的ではなく無意識的に行われます。

たとえば子どものころ、ひとり公園や原っぱに行ってぼーっとする、という経験をしたことのある人は多いと思います。

さわやかな風、透き通る空、ざわざわと揺れる木々のこすれる音。自然に身をゆだねると、いろんな思いが去来し、自分はいまここにいる、自分は生きている、大地の中にいるんだという感覚に包まれます。そうしたこの世との一体感、自分の存在感は、子どもながらに心の充足につながるのです。

◉子どもの創造性は孤独のときに高まる

また、**子どもにとって、「創造的活動」には途中で妨げられることのない「大きなかたまりとしての時間」が必要**です。だから子どもの典型的な創作作業である粘土遊びや積み木遊びは、仮にほかの子どもが周りにいても、ひとりで夢中になって延々と取り組みます。

レオナルド・ダ・ヴィンチ、アイザック・ニュートン、トーマス・エジソン、アルベルト・アインシュタインなど、過去の偉人も孤独を好んだという話はたくさん出てきます。

さらに、ひとりで休息することは免疫システムの改善を促し、体全体の機能を調整する役割があるという学者もいるくらい、大切なことなのです。

一方、子どもがひとり遊びをしているとき、あるいはじっとしてぼーっとしているとき、過保護な親は、一緒に遊ぼうとしたり、心配になって声をかけたりするなど介入しようとします。

しかし子どもにとって必要だからやっていることなので、それは子の内的作業を邪魔する行為。そんなときは静かに見守ってあげるほうがよいのです。

◉子どもがみなと一緒に遊んでいなくても、それを個性と認められる勇気

前述のとおり、子どもはひとり遊びの中で、試行錯誤しながら自分ができることをひとつひとつ確認しています。**その作業を通じて、じっくりとひとつのことに集中する力をつけていく。そしてこの経験から「自分はできる」という自信をつかみ取ります。**

人は本来、自分を肯定できるから他人も肯定できるわけです。自分に自信がなければ、自分の評価を下げまいとして見栄を張ったり他人を否定したりします。

また、自分の短所も含めて認めることができれば、素直に本音を出せるし、困ったときには他人に助けを求めることができます。しかし短所を認められないと、それを隠そうと意地を張ったりウソをついたりします。

「自分は大丈夫」という自己信頼があれば、他人にどう思われるかという感情に支配されることがありませんから、他者に配慮する余裕が生まれます。つまり、より他人にやさしく、他者を思いやる心、他者への寛容を形成するのです。

だから友達同士での遊びの場でも、お互いに認め合い、譲り合ったりして仲良く遊ぶことができます。

しかし、**「ひとりでじっくり遊ぶ」という経験が少ないと、集中力に欠け、他者との遊びでもすぐに飽きてしまう傾向があります。**

また、試行錯誤したり自分ができることを反芻したりする機会が少なくなるため、「こうすればできる」といった自信にもつながりません。自信がないから友達の関心を引こうと、いたずらをしたりします。

そんな振る舞いは子ども同士であっても周囲からは受け入れられませんから、違うグループを渡り歩くことになるなど、対人関係能力の形成すら未熟なままになってしまうリスクがあるのです。

◉親は余計な介入をしてはいけない

にもかかわらず大人は、友達の輪に入れずひとりで遊んでいるわが子を見て心配になります。あるいはひとりで遊んでいる子を見つけるとかわいそうに思い、他の子どもたちの輪に誘ってあげようとします。

しかしそれは余計なお世話なのです。もちろん、友達の輪に入りたくても入れない子どももいますが、**もしひとり黙々と遊んでいるなら、それは温かく見守ってあげる必要があります。**

繰り返しになりますが、**子どもがひとりで遊ぶのは、それが自身の成長に必要だからこそ。**子どものひとり遊びを妨害することは、子どもの自我の形成を妨げることになりかねないのです。

◉自分の子どもに「友達は少なくても気にしなくていいんだよ」と言う勇気

「はじめに」でも書いたことですが、子どもが入学や進学などで新しい環境に入ったとき、家に帰ってきたわが子にかける親の典型的な言葉は「お友達はできた？」ではないでしょうか。

社会性とは、集団の中の一員として、そこで生じる複雑な人間関係に適切に対処していくことであり、ある意味周囲に同調することでもあります。

そして**新しい場面で新しい友達ができることは、社会の中でうまくやっていける能力をある程度担保する指標になります。**

そのため親は、子どもに友達ができたのかどうかが非常に気になります。

しかし、小学校や中学校に上がって「お友達できた？」と聞くことは、ときに子どもにとってプレッシャーになることがあります。

もし友達ができなかった場合、子どもは「友達ができないことは悪いことなんだ」と感じ、「自分はダメな人間なんだ」と自分を責めるようになります。それが子どもの劣等感となり、自信を奪っていくことにもなりかねません。

だから**親にできるのは、仮に友達ができなくても、「友達がいない人間には価値がない」という思い込みを子どもから排除し、劣等感を緩和してあげること**です。

多くの人は、「みんなと仲良く遊びなさい」「友達をたくさんつくりなさい」などといいます。それは裏返せば「孤独は悪」という価値観を刷り込むことになります。

しかし、子どもの個性は人によって違います。すぐにみんなに溶け込める子どももいれば、ひとりのほうがたのしいという子どももいる。だから仮に自分の子どもに友達ができなくても、過剰に心配しないことです。

◉子どもの精神的な支柱は親しかいない

たしかに子どもたちは、まだ自分の精神世界が狭く自分の居場所を自分でつくる能力が低いため、どうしてもグループをつくって群れる傾向があります。群れの中にいることはひとつの安心であり、子どもの生存本能のひとつでもあるのです。

そして、学校という小さな社会の中に生きる子どもにとって、そこで居場所がないというのはひどくみじめでつらいことです。

だから周囲となじめなければ不登校や引きこもりにもなりやすいし、登校してすぐに保健室に直行という児童生徒も出てくる。

そんなときも、子どもを責めたり、無理やり学校に行かせようとしないことです。**たまたまその学校に相性が合う人がいなかっただけで、世界はもっと広く、大人になれば自分で友達を選べる**ことを教えてあげればいい。

どうしてもイヤになったら、転校したっていいという選択肢を親が示してあげることです。最悪の場合は逃げられる、逃げてもいいんだという親の強力な後ろ盾があれば、子どもも思いつめる度合いが小さくなるのではないでしょうか。

世間は「友達は大切」「友達がいないのは人格的に問題がある」という価値観を押しつけます。

しかし**「友達ができなくても、あなたはすばらしい人」「友達が少なくても、その人を大切にすればいい」「友達の数は人間としての価値にはまったく関係ない」と子どもを認めてあげられるのは、親しかいない**のですから。

おわりに
運命とは、自分の内なる心の声に従い、自分自身でつくっていくもの

「運命だから仕方がない」と自らに降りかかった出来事や状況に対して諦めてしまう人がいますが、運命とは実は「自分らしく生きること」にほかなりません。

たとえば、生まれつき手足が不自由であっても、音声認識技術を使って文章を書き、自分の言いたいことを主張し、自分を表現していきいきと活動している人がいます。

一方、五体満足に生まれて自由に動くことができるのに、人生に絶望して自分の人生を呪い、家の中に引きこもっている人もいます。

これはいったいどちらが不幸なのでしょうか？　そしてこれらの違いはいったい誰が導いた運命なのでしょうか？　神様でしょうか？

生まれつき障害があるとか、生まれた家は貧乏だったなど、**持って生まれた「宿命」はたしかに変えることができません。**

しかし「運命」は自分自身でつくることができるし、自分の努力や関わり方によって引き寄せることもできるということ。あとは本人の心の持ちよう次第です。

人類が誕生してから約２００万年という長い歴史の中で、この21世紀の前半という最高に便利な時代に生まれ、たった一度だけ与えられたわずか１００年弱というラッキーなこの命、悩んで落ち込んで終えるなんてもったいない。

それに、自分という存在は本来、代々続いてきた両親の家系のさまざまな遺伝子を引き継いだ、最新鋭バージョンであるはず。なのに自分はどうでもいいやという人間になってしまっては、先祖に申し訳ない。

先祖はともかく、確固たる自分と強い自己肯定感を持つことは、幸福な人生を送るうえでの基盤ですが、**成熟した大人とは、そうした適切な自我を自己責任において育むことができる人間**です。

そしてそれは、孤独の中で自分の心と向き合うことによって培われるものでもあります。

この内的作業を本書では内省とか内観などと表現しましたが、これは人間だけに与えられた特権であり、人間が人間である理由とも言えます。

そしてこの作業を通じて、私たちは自らの心を鍛え、より高度な精神を獲得することができます。

それは本書でも紹介したとおり、たとえばどのような事態にも動じずくじけない強固なメンタルであったり、多様性への尊敬と寛容であったり、**どのような状況でも自分の幸福につながる意味を与える力**のことです。

私は**この能力こそ、どんな時代環境においても軽やかに走り抜けることのできる、最強の能力のひとつ**ではないかと考えています。

なお、ちょっと宣伝になりますが、前著『「いい人」をやめれば人生はうまくいく』『捨てるべき40の「悪い」習慣』（いずれも日本実業出版社刊）でも、どうすれば自分らしく生きることができるかについて、また違った側面からご紹介しています。こちらも合わせてお読みいただければ大変うれしく思います。

午堂登紀雄（ごどう　ときお）

1971年岡山県生まれ。中央大学経済学部卒。米国公認会計士。大学卒業後、東京都内の会計事務所を経て、大手流通企業にて店舗及びマーケティング部門に従事。世界的な戦略系経営コンサルティングファームであるアーサー・D・リトルで経営コンサルタントとして活躍。2006年、初の著書『33歳で資産3億円をつくった私の方法』（三笠書房）がベストセラーとなる。現在は株式会社プレミアム・インベストメント&パートナーズと株式会社エデュビジョンの代表取締役を務める。不動産投資コンサルティングを手がけるかたわら、資産運用やビジネススキルに関するセミナー、講演で活躍。『「いい人」をやめれば人生はうまくいく』『捨てるべき40の「悪い」習慣』（ともに日本実業出版社）など著書多数。

人生《じんせい》の「質《しつ》」を上《あ》げる
孤独《こどく》をたのしむ力《ちから》

2017年11月10日　初版発行
2018年2月1日　第5刷発行

著　者　午堂登紀雄 ©T.Godo 2017
発行者　吉田啓二

発行所　株式会社日本実業出版社　東京都新宿区市谷本村町3－29 〒162-0845
大阪市北区西天満6－8－1 〒530-0047

編集部　☎03-3268-5651
営業部　☎03-3268-5161　振　替　00170－1－25349
http://www.njg.co.jp/

印刷／理想社　製本／共栄社

この本の内容についてのお問合せは、書面かFAX（03－3268－0832）にてお願い致します。
落丁・乱丁本は、送料小社負担にて、お取り替え致します。

ISBN 978-4-534-05537-8 Printed in JAPAN

日本実業出版社の本

1つずつ自分を変えていく

捨てるべき40の「悪い」習慣

午堂登紀雄
定価 本体 1400円（税別）

知らぬ間に身についた悪習慣を捨てて、自分が本当に大切にしたいことだけを残す。著者は、クビ同然で会社を辞め、転職先では疲弊して体を壊し、会社を立ち上げては撤退し、苦しみ抜いた末に自由な働き方を手に入れた午堂登紀雄氏。

「いい人」をやめれば人生はうまくいく

午堂登紀雄
定価 本体 1400円（税別）

「他人の目」を気にせずに「自分の意思」でラクに生きる方法を示す自己啓発書。「いい人」をやめられない人と、やめられた人では、人生がどう変わるかを、人間関係、お金、恋愛などのテーマ別に紹介。

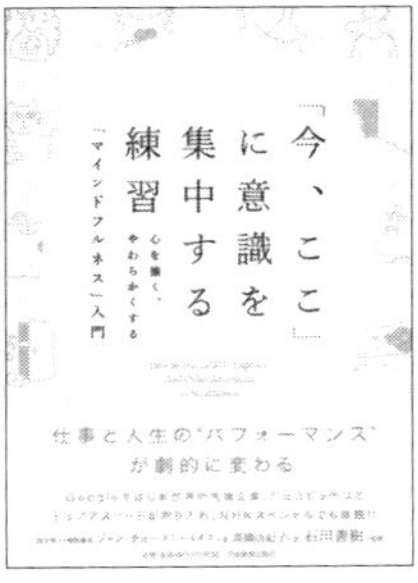

「今、ここ」に意識を集中する練習

ジャン・チョーズン・ベイズ 著
石川善樹 監修
高橋由紀子 訳
定価 本体 1600円（税別）

グーグルをはじめとした先端企業で取り入れられている「マインドフルネス」が手軽に実践できる本。「今、ここ」に意識を集中すると、過去への後悔も未来への不安もなくなり、仕事と人生が劇的に変わる！

定価変更の場合はご了承ください。